U0369626

理科思维读书法

[日] 犬塚壮志　著

于潇彧　译

机械工业出版社
CHINA MACHINE PRESS

RIKEI DOKUSHO by Masashi Inutsuka

Copyright © 2020 Masashi Inutsuka

Simplified Chinese translation copyright ©2023 by China Machine Press All rights reserved.

Original Japanese language edition published by Diamond, Inc.

Simplified Chinese translation rights arranged with Diamond, Inc. through The English Agency (Japan) Ltd., and Qiantaiyang Cultural Development (Beijing) Co., Ltd.

本书中文简体字版由机械工业出版社在中国大陆地区（不包括香港、澳门特别行政区及台湾地区）独家出版发行。未经出版者书面许可，不得以任何方式抄袭、复制或节录本书中的任何部分。

北京市版权局著作权合同登记号　图字：01-2021-4885 号。

图书在版编目（CIP）数据

理科思维读书法 /（日）犬塚壮志著；于潇彧译 . —北京：机械工业出版社，2023.1

ISBN 978-7-111-72313-4

Ⅰ．①理…　Ⅱ．①犬…②于…　Ⅲ．①读书方法　Ⅳ．① G792

中国版本图书馆 CIP 数据核字（2022）第 255683 号

机械工业出版社（北京市百万庄大街 22 号　邮政编码 100037）

策划编辑：刘　岚　　　　　　　责任编辑：刘　岚

责任校对：龚思文　张　薇　　　责任印制：任维东

北京富博印刷有限公司印刷

2023 年 5 月第 1 版第 1 次印刷

128mm×182mm · 6 印张 · 102 千字

标准书号：ISBN 978-7-111-72313-4

定价：59.80 元

电话服务　　　　　　　　　网络服务

客服电话：010-88361066　机 工 官 网：www.cmpbook.com

　　　　　010-88379833　机 工 官 博：weibo.com/cmp1952

　　　　　010-68326294　金 书 网：www.golden-book.com

封底无防伪标均为盗版　机工教育服务网：www.cmpedu.com

前　言

 高效读书的关键——发现问题和提出假设的能力

首先，感谢读者朋友们在众多有关读书方法的书籍中选择了这一本。我想，很多朋友在读书时都有这样的愿望——

"想快速读完一本书。"

"希望可以高效地阅读大量书籍。"

"希望能将读过的内容牢记于心。"

不过，本书并不是通过某种速读技巧或记忆法来教大家如何阅读，而是用一种全新的方法去帮助大家解决一些靠以往的读书方法无法解决的阅读烦恼。

"有没有能让人 5 分钟读完一本书的方法？"

"比起读完一整本书，有没有一种方法能让人高效地掌握书中的内容？"

这样的方法尽在**"理科思维读书法"**中，它触及阅读的本质，是一种能快速、高效地**将作者的知识、经验及方法输入自己脑中，并用于解决自身问题**的极致读书法。

本书将介绍一种文科生不知道的理科思维读书法。理科生普遍掌握了一套科学的学习方法，即"发现问题—提出假设—实践验证—评价"。

本书正是要将这套方法应用到读书当中，**用这种"超合理化循环模式"帮读者大大提高读书效率，从而实现高效阅读**。

具体来说，就是让读者运用发现问题的能力和提出假设的能力，缩小阅读范围，大大缩短阅读时间，做到15分钟通读全书。然后将阅读时获取的信息在实际生活中进行验证，并在此过程中激发自身内在的变化，使读书收获最大化。

理科脑读书法，或称理科思维读书法，是一种极具合理性的智慧生产系统。只要读者掌握了这种阅读方法，就能够快速阅读大量书籍，从而实现自身的快速成长。

 将理科学习中使用的合理化方法应用到读书中

以前，我一直认为读书是一件很难的事情。和大多数人一样，我不仅看书速度很慢，也记不住读过的内容，曾为此苦恼不已。

后来，一位职场前辈的话给了我很大的启发，使我对读书的观念发生了根本的变化。

现在，我认为**"读书的目的是解决自身问题，而不是**

为了把一整本书读完。相比于完整阅读，如何实践书本中的内容更为重要"。

回想自己的大学时代，当时的我作为一名理科生，需要完成各种实验和报告，因此必须阅读大量的论文或专业书籍，为此，我曾使用过这种合理化读书法。

具体来说，就是快速挑出自己的研究所必须的信息，除此之外的内容则全部略过不看。这其实算是一种实用主义读书法。

这种注重速度和效率的读书法让我能够将繁忙研究之余的间歇性碎片时间充分利用起来，因此我汲取了更多的知识精华，进而顺利通过了业界难度最大的骏台补习学校录用考试——其难度堪比东京大学的入学考试！

然而，进入社会以后，我渐渐放弃了这种读书方法。也许是因为没有了在学校图书馆里博览群书的机会，又或许是要自己花钱买书了，因此觉得如果不把书从头到尾读个通透就很浪费。

但是，通读一本书需要花很多时间，而且我读过的内容也会在持续不断的阅读中渐渐被淡忘，最终很难将书中的知识用于解决现实问题。

后来，我意识到这个问题，希望通过理科生时代的读书方法来获得有用信息，进而解决实际问题，于是拿出一部分工资购入大批书籍开始阅读。

最终效果从我的收入变化上可见一斑——仅仅数年，我在补习学校做讲师的年薪就从 300 万日元增长至近 1800 万日元，这些收入显然是与我的能力相匹配的。

结合这些个人经验，我将这些年总结出来的读书方法系统化，并编写成书，希望每个人都能够学以致用。

在担任补习学校讲师期间，我曾将这种读书法教给学生，结果收效显著：

- 读参考书的时间缩短了——减少了吸收知识的时间；
- 运用书中内容解决实际问题的时间增加了——增加了学以致用的时间；
- "自主发现不足并加以解决"的能力增强了。

于是，我意识到这种读书法可以"快速提高个人能力"。

如果上班族或学生能充分利用理科思维读书法，一定可以看到自己有显著的进步。

用理科思维读书法将获得的五种能力

通过掌握"理科思维读书法"的技巧，你将获得以下五种能力。

- **发现问题的能力**——发现"什么是自己做不到的"和"为什么做不到"的能力。如果一个人能明确自己的问题出在哪里，就可以很容易地提取出解决这些问题所需的信息。
- **抽象化的能力**——将书本上的知识像数学公式一样抽象化并将其记住的能力。读者具备这种抽象化的能力后，便可从任何书中推导出规律。
- **提出假设的能力**——发现问题后，如何解决并提出假设的能力。读者具备这个能力，便可以从中筛选出有用信息，并进行精准验证和评价。
- **制订行动计划的能力**——对"发现问题—提出假设—实践验证—评价"这一系列读书流程制订整体行动计划的能力。读者具备这个能力，便可以将书本知识应用于实际生活中。
- **重视评价的能力**——对经过实践验证的内容进行适当评价的能力。提高对评价的重视程度，可以使人快速具备必要的能力，并明确后续优化方案及其具体步骤。

不管你是学生还是上班族，只要具备了上述五种能力，都能够实现跨越式的成长。

读书是一件快乐的事，实践则更令人愉悦

为了便于每位读者领会书中的内容，我把读书方法分成阅读、实践和检验三个阶段。下面以简单易懂的方式为大家介绍。

首先，我在序章中向大家阐明什么是理科思维读书法，以及这种方法的整体情况和优点。

第一章介绍如果想要快速提高读书效果，读者需要怎样的思维方式及规则。

第二章介绍第一个阶段——阅读的方法，会分四个步骤具体讲解什么样的方法能够提高阅读效率。

第三章介绍第二个阶段——实践书本内容的方法。

第四章则是对第三章实践结果的检验阶段，评价自己对书中知识或技能的掌握程度，了解自己从中获得了哪些成果。

这本《理科思维读书法》的独特之处在于，除了阅读，它还能让你掌握实践和检验的方法，从而将书本中的信息转化成自己的能力。

读书本身是一件快乐的事情。不过，如果一个人通过读书汲取的知识或技能可以让自己有所改变，则更令人愉悦。如果读者能进一步将书本内容应用于实践，切实感受到自己的成长或蜕变，一定能体会到更加充实的瞬间。想到这些，你不觉得很兴奋吗?

所以，我非常希望大家看过本书后，真正体会到读书确实提升了自己的能力。

如果这本书能让更多的朋友体会到成长的喜悦，那么我也将感到无比欣喜。

作 者

目录

序章

文科生不知道的秘藏——
理科思维读书法

第 1 章 快速提高读书效果的三要素

第2章 提高阅读理解力，让书本知识转化为成果的理科思维读书法

第3章 能立刻增加三倍知识与技能的读书实践

结语

文科生不知道的秘藏

——理科思维读书法

为什么理科生能读很多深奥的书

 读书能带来解决问题后的喜悦

为什么理科生可以读大量晦涩难懂的专业书籍？我想那不仅仅是因为"不得不读"或"不读就通不过考试"。

也许还因为他们能体会到**"用读书解决实际问题所带来的喜悦"**吧。

理科生的作业都是无法轻松找到正确答案的。为了推导出一个任何书本上都没有的答案，他们需要去阅读大量的书籍，理解书中的逻辑，汲取其中的精华，并将这些精华有机结合，最终才能得出自己的答案。

也就是说，**只有将书本中的大量知识结合起来，才能解决问题**。

这就像是在游戏中，若拥有剑、盾牌等多种武器，就能迅速打倒大 BOSS（守关怪兽）。而不断打败更强的怪兽，快速通关升级，游戏迷便可以体会到其中的快感。也正因如此，游戏玩家总是努力去收集各式各样的武器——读书对我来说正是这种感觉。

通过大学及之后的职场经历渐渐意识到读书的这种效果后，我恍然大悟。

以前我一直以为，读书就应该不放过任何一个字，从头到尾仔细阅读，这样才能够解决问题。

然而，这样的读书方法并不能从根本上解决问题。

因为我们所面临的困难乃至整个世间的所有问题都是纷繁复杂而又各不相同的，不可能从某一本书中找到明确的解决办法。如果**非要从某一本书中强行推导出解决方法，有时会大大降低效率**。

那么到底应该怎么做呢？正确的做法是**"多元化阅读"**。

解决问题的合理化方法是从多本书籍中仅找出必要的信息并快速理解，再将其应用于实际生活中。

有时，多本书中也会出现相同的内容。遇到这种情况时，我们也不必消极地抱怨"这本书怎么跟另一本写得一样啊"。因为**多本书中重复出现的内容很有可能是重要的事实或多数人的常识**。通过读书，我们仅仅是确认了这一事实，就可以说是有所收获。

对我这个理科生来说，能够在大学时代掌握这种正确的读书方法，这是一笔巨大的财富。

尽可能降低阅读难度

 ## 没必要从头到尾一字不落地阅读

我们读书时，大致有以下烦恼："无法从头到尾读完一本书""在读书过程中无法集中精力，导致半途而废"，等等。

不过，读书的原本目的真的是把书读完吗？

我们抛开娱乐性目的，读书的**终极目的是"解决问题"**。

比如说，上班族或学生为了解决眼前遇到的问题，就需要了解一些关于解决方案的具体思路，于是便去收集信息。这就是读书的根本目的。

在这种以解决问题为目的的读书过程中，最关键的是"如何能够快速精准地找到解决方法"。

因此，**如果已经找到了解决方法，即便书还没有读完，它的使命也已经完成了**。也就是说，只要达到目的，就算只读了几行，也可以就此合上书停止阅读。

实际上，我读书的时候就是这样做的：

- 浏览目录和前言，只挑出自己认为需要读的部分；
- 阅读这些内容，寻找解决问题的方法；
- 立刻运用找出的信息，尝试去解决问题。

在踏入社会成为一名补习学校的讲师后，我没有时间把每一本书都从头到尾读一遍，于是在那段忙碌的日子里学会了这种快速读书法。

舍弃"不读完太浪费"的观念

"毕竟花那么多钱买的书，不全部读完太浪费了"——我非常能理解这种心情。

我以前也有同样的想法。但是，当我意识到**"读书是为了解决问题"**之后，就不再这样想了。

一本 200~300 页的商业书籍的价格大概是 1500 日元。如果我要从头到尾一字不落地认真读完，得花好几个小时。如果没有充裕的时间，就不得不中断阅读，几天后再接着读，如此反复多次，最后读完整本书甚至要花数周的时间。我有好几次没能坚持把书读完，结果就是一无所获。

"读一本书就要从头到尾地读完""不读完就不痛快"——如果你这样想，就只能在读完一本书之后，才会将书中内容付诸具体行动。

从某种意义上来讲，这样会错失大把的机会。因为我们在读完整本书之前的这几个小时、几天、甚至几周的时间里，就可以想办法解决问题，否则读书就是真正的浪费行为。

而如果只挑那些自己需要的部分去读，找到有用信息后立即开始行动的话，会怎样呢？答案是一定能够大大缩短解决问题的时间。

在如今这个一寸光阴一寸金的时代，这种读书方法是相当有效的。

对于一本价值 1500 日元的书，即使只读其中相当于100 日元的内容也无妨。因为，**从结果上来看，只读一小部分就马上进行实践的做法，能够更快地获得丰厚的回报**。

降低难度

所以，我果断放弃了"必须从头读到尾"的观念。我现在认为，**"全部读完一本书反而是浪费时间"**。

让我们把书想象成餐厅的菜单。

在餐厅点菜的时候，没有人会从菜单的第一页开始一页一页地往后看，一般都会直接翻到自己喜好的种类的页面，再根据当时的心情从中选择菜品。虽然有时也会犹豫不决，可一旦确定了要点的菜品，就不再需要菜单了，自然也不会把菜单从头看到尾。

读书也一样：

- 确定自己需要怎样的信息，并有针对性地从书中翻找；
- 得到需要的信息后，合上书本，付诸行动。

这种读书方法能最大程度地提高书籍的性价比。

不会速读方法，也能实现快速阅读

 无需速读

如果你在互联网上用关键词"书、速读"进行搜索，会出现上百万条结果。对读书来说，速度真的有那么重要吗？

的确，若一个人能在短时间内读完一本包含大量信息的书籍，自然好处多多。似乎读完一本书所需的时间越短，就能读越多的书，这个人也就会变得更博学。

但我认为，**"不会速读也无妨"**。重要的是，**你需要确认一本书中"有多少内容可以不用读"**。

我也读过很多讲速读方法的书，并且进行过尝试。

我曾希望自己可以阅读大量的书籍，可惜作为补习学校的讲师，我每天的工作时间很长，几乎抽不出时间来读书。所以，我只能寄希望于提高阅读速度，去学习如何快速读完一本书。

我尝试了各种速读法，比如，将每页书当作一幅画来记忆、快速移动眼球、提取关键词等，但效果都不尽如人意。虽然表面上看起来阅读速度似乎变快了，但我对读过的内容毫无印象，很快就忘光了，最后什么问题也解决不了。

当时，补习学校的一位老先生的言行给了我很大的启发。

这位老师和我一样，也是教化学的。当时，他是一位颇受欢迎的超人气讲师，兼任多所补习学校的教师。他教学方法卓越，学识渊博，是一位值得尊敬的老师。

某天开始授课之前，我正在办公室里做准备工作。只见这位老师拎着一个书店的包装袋走进来，把这个装着六七本书的袋子放在桌子上。我问道："您平时这么忙，买这么多书，准备什么时候看呀？"

他说："我今天看一本，周末再看三四本，剩下的就找碎片时间读吧。"

也就是说，这些书他用一周左右就读完了。我对此颇为吃惊，于是继续追问："怎样才能读得那么快？"

他说："我可不会把所有的书从头

读到尾哟，只看需要的部分就可以了。"

听了他的回答，我恍然大悟。

回想一下，我自己在学生时代读专业书籍或学术论文时，用的不正是与这位老师相同的方法吗？因为我当时读的都是学校图书馆里的书，只看自己需要的部分，并不会觉得浪费。

而进入社会以后，得自掏腰包买书看，就产生了"不读完浪费"的意识，如果不把书从头到尾读个遍，就会心有不甘。

于是我想，即便通读了整本书，若用不上书中的信息，也是毫无意义的。而如果像那位前辈一样，虽然只读了一部分，却能充分利用这些知识，才是正确的读书方法吧。

那时，我就坚定了"自己买的书也不必整本通读"的想法。

不从头到尾通读全书，就能缩短读书的时间。不必急急忙忙一页接一页地翻阅，也可以在短时间内看完一本书。

也就是说，**不会速读方法，也能实现快速阅读。**

得到解决问题所需的信息，书就读完了

如果不用通读整本书，那么什么时候才算是把这本书"读完"了呢？

我把这个"读完"的时间定义为**"获得解决问题所必需的信息之时"**。

但是，只找到信息是不够的，还需要将信息应用到实际中去解决问题才有意义。

在以解决问题为目的读书时，**不需要"全部通读"，关键在于"读哪里"**。而对信息的筛选则是这个过程中的重中之重。

聪明的理科生用 15 分钟"合理化"阅读一本书

人的专注力可以持续 15 分钟,所以用 15 分钟阅读一本书

在读书这件事上,重要的是如何实现合理化阅读。

虽说从头到尾完整地"读完"一本书会有一种成就感,但如果不能把从书中获取的信息应用于实践,就不能说是合理的读书方法。而与之相反,即便只读了几页,若能解决自身的实际问题,或提高技能水平,那么就是合理的读书方法。

我现在找到了这种合理化读书法,可以用 15 分钟左右读完一本书了。

虽然有时专注于书本可能会超过 15 分钟,但最多也就 30 分钟。我绝不会连续读一两个小时,更何况若是从头到尾读了一遍也没有找到有用的信息,难免会泄气——"哎,这本书读得真没效率"。如果我花大把的时间阅读了大量的内容,仍然没找到自己需要的信息,那么即使把整本书从头到尾都读完,也会觉得自己把时间

都浪费了。

可为什么是 15 分钟呢？在补习学校当讲师的那段时间里，我抽不出大块的时间用来读书，只有在通勤路上或在健身房里蹬自行车这种时候，可以利用 15 分钟左右的时间集中精神去读书，所以最后这就成了我的个人习惯。

我后来得知，15 分钟也恰好是一个合理的时间分配方式。如果你在 15 分钟之内读不完一本书，那就**每次读15 分钟，分多次读完，这样比长时间连续阅读的效果更好，更容易记住书中的内容**。这也与东京大学药学系池谷裕二教授的研究成果不谋而合——短时间内集中注意力的"积累式学习"比"长时间持续学习"更有效。

每天都忙忙碌碌的上班族就可以照这样将读书的时间拆分开，少量多次阅读。如果能在 15 分钟左右看完一本书，并立刻获得解决问题的方法，就可以说这是一次高性价比的读书。

读书像一场令人心动的实验。读书中运用的"超合理化循环模式"又是什么？

在读书的过程中，重要的不是在 15 分钟内读完整本书，而是迅速从中收获解决问题的方法。

那么，到底怎样才能使读书的回报最大化呢？为寻求合理化方法，我进行了各种各样的尝试，终于找到了最高效的读书法，灵感来自自己在学生时代进行科学实验的方法。

做实验是一件非常有意思的事，它并不是按流程一步步做就能成功。做实验之前，必须先做好充分的准备。而且，就算是需要按照标准流程进行的实验，虽说有时也能顺利完成，但很有可能得不到自己想要的结果。当没能顺利完成实验时，如果能认真地对包括实验结果在内的实验全过程进行"评价"，则可以让失败变成一次实践性学习。

也就是说，在实验中，准备、实验和评价这三步都是必不可少的。本书介绍的"超合理化循环模式"正是基于这三个步骤发展出来的。

步骤 1：准备（＝阅读）

在书中搜集能够解决自己实际问题的材料（信息），然后设计实验方案。

步骤 2：实验（＝实践）

利用在步骤 1 中搜集的材料（信息）实施实验，并尝试解决实际问题。

步骤 3：评价（＝检验）

此时应对实践结果成功与否进行检验。以人类为对象的实验，实验结果通常与预想的不同。如果结果不尽如人意，就要进行检验，并制订优化方案。

通过这样的步骤，可以将读书（准备）过程中获得的信息应用到实际生活（实验）中，并加以检验（评价）。按这个模式循环一次，应该或多或少能够发现一些不足之处。然后，在进行修改和优化之后，再进入下一个升级版的全新循环。

正是这种不断重复的"超合理化循环模式"，帮我实现了读书效果最大化。

即使上学时学过如何做科学实验的人，大概也很少会将这种方法应用到读书中吧。然而，我认为只有将这种循环模式放在读书中，才能真正发挥出其强大的威力。

我们平时做饭也存在同样的道理。就算拿到了高级餐厅的食谱，一个不会做饭的人也无法复制出同样的味道。可如果预先在食材和工具上做好充足的准备，然后按照食谱制作，最后对成品进行检验……如果能在不断重复这个循环的过程中逐渐精进手艺，那么即使最终无法做出一模一样的味道，也可以达到非常接近专业厨师的水平。

关于这个超合理化循环模式的具体顺序，我们将在第2章～第4章详细介绍。

超合理化循环模式

即搜集能够解决自己实际问题的材料（信息），设计实验方案。

步骤 1：阅读 = 准备

步骤 2：实验 = 实践

步骤 3：评价 = 检验

即根据方案，尝试去解决实际生活中的问题。

即进行实践后的验证。如果没成功，则总结经验教训，制订优化方案。

读书效果应通过观察它给实际生活带来多大程度的改变来衡量

计算读书效率的公式

下面我们再讨论一下读书的效率。

既然要读书，当然是效率越高越好。那么，到底该如何去判断读书效率的高低呢？我们可以通过"收到的效果"与"投入的成本"之比来计算，公式如下：

$$读书效率（性价比）= \frac{收到的效果}{投入的成本}$$

读书所收到的效果取决于"给实际生活带来了多大的改变"。

提高"读书效率"的方法有两种。

一种是增大分子（收到的效果）。所谓收到的效果，可以看作"在现实中带来改变程度的大小"。

读书说到底是一种虚拟体验，光靠读是不会给现实带来任何改变的。但如果将书本中的内容应用到实践中，便可以让实际生活发生改变。

而这种改变越大，读书收到的效果就越好。

举例来说，如果你读了一本关于股票投资的书之后在股票市场赚了100万元，这个效果就要好于只赚了1万元。

你在读了经营管理方面的书之后，与只学会一种日常的员工管理技巧相比，如果能掌握两三种技巧，将会给工作带来更大的改变。

因此，我们在考虑读书效率的时候，需要关注收到的效果（产生变化程度的大小）。

提高读书效率的另一种方法是缩小分母（投入的成本）。也就是说，要用尽可能低的成本去读书。

这里的成本指的是金钱、时间和体力。

金钱和时间很好理解。在效果相同的情况下，与购买多本内容雷同的书相比，如果只读一本书就能将相关理论应用于实践，则读书效率则更高。而如果同样是读一本书，用时短者效率更高。

那么，对于成本中的另一个要素——体力，又该如何理解呢？读书时，用手一行一行地指读，这当然也算是一种体力消耗。但我认为最大的体力消耗是"压力"。

人们在阅读文学艺术类、纪实类作品或自己感兴趣的其他书籍时，是一种单纯的娱乐行为。但在有目的性地阅读商务书籍或专业书籍时，就不一定会那么放松了。我们很多时候是在迫不得已地读书，这让人非常不情愿去翻开书，又或是在繁忙的工作之余，读书甚至成了一件苦差事。

人在消极的情绪下读书，会感到疲惫不堪。

如果你在读书时感受到很大的压力，即使能有些许效果，这样读书的效率也不会高。

那么，怎样才能减轻读书时的压力呢？其实，只要做到**在自己注意力能够集中的时间内读书即可**。

也就是说，当你无法继续集中注意力的时候，就把书合上，即使读书时间还不到 15 分钟也没关系。**当你感到阅读变得吃力时，就暂停一下。**

这样就能减轻阅读时的压力，不会因为想到"后面还有那么多内容没读呢……"而感到紧张或焦虑。从结果来看，这样也能提高读书的效率（性价比）。

最大限度地提升从书本中所获得信息的"质量"

高质量的信息具有较高的可复制性和通用性

也许有些人读书追求数量。由于工作的原因，我也读了大量的书籍，但从没有将数量当作读书的目的。

我注重的是"如何提高从每一本书中所获得信息的质量"。

"质"的提高是以"量"为基础的。虽然我们常说"质比量重要"，但"质"和"量"并不是非此即彼的关系，读书则是"由量到质"的关系。

要使读书有所收获，重要的既不是阅读速度，也是不读书的数量，而是能够尽最大程度提高从书本中提取信息的质量。

那么，问题来了。什么是高质量的信息？在理科思维读书法中，衡量质量高低的方法是看你获得的信息能否解决自身问题，能否带来实际成效，能否从中有所收获。

其中，"可复制性和通用性高的信息"就可以看作高质量的信息。这种信息可以被应用到各种各样的场景中，非常易于使用，可作为普遍性法则。

比如，心理学有一个非常著名的"马斯洛需求五层次理论"。

这个理论认为，人的需求从低到高分为生理需求、安全需求、社会需求、尊重需求和自我实现需求这五个层次。

生理需求是指人对食物、睡眠等最基本的需求，其他需求的层次则逐渐提高。最高的自我实现需求指的是最大限度地发挥能力，从而实现自身价值的需求。

在这五个层次中，当低一层的需求得到满足后，人就会出现更高一层的需求。

我在学习教育心理学时，就已了解这个需求五层次理论，并能够把它运用到与学生的交流过程中。

对于那些因没考上大学而意志消沉的高中毕业生来说，他们的生理需求和安全需求已经得到满足，但社会需求和尊重需求尚未得到满足，因此缺乏自信。

于是，我主动与他们交谈，通过语言去表达对他们的认可。

"你们来到补习学校继续学习，不是因为没考好，而是由于你们具有不服输的勇气。"

"考上大学以后想做什么？其实，这段能够主动思考自己未来的时间才真正是你们人生中最宝贵的经历。"

"学习是单打独斗，而备考则是一场团体战。在这里，你们绝不是一个人在战斗，大家一起上阵往前冲吧。"

我通过这样的话来刺激学生的社会需求和尊重需求，让他们保持高昂的斗志。

最近，当我在观察新冠疫情下人们消费行为的变化时，感觉也能使用马斯洛的这个理论。

全球疫情蔓延并威胁到我们的安全需求。于是，人们为了保护自己，而减少了非必要的外出和消费。

在非必要的消费中，最具代表性的就是高端时尚商品。事实上，受疫情的影响，时尚行业的经营环境表现出严重的恶化。

时尚品牌商品在满足人的尊重需求和自我实现需求方面颇具代表性。在这种大环境下，较低层次的需求尚未被满足，追求时尚品牌的人自然就会减少。结合马斯洛的理论来看，人们的这种心理状态就一览无遗了。

像这种**可以用于各种各样场景、具有很强通用性的信息，就是一种高质量的信息，是我们在读书过程中应该去积极获取的**素材。

 信息质量的高低取决于阅读者的不同需求

高质量的信息还有另外一层含义，就是**对阅读者来说**

具有较高需求性的信息。

比如，人寿保险营销方法对一个开发软件的程序员来说毫无用处，就算他在这方面的技术再娴熟，也无济于事。也就是说，如果书中的信息与自身的需求不相符，那么阅读就是没有意义的。

但是，如果把阅读者换成一个背负业绩压力的人寿保险销售员，那么这就成了他求之不得的信息。因为这个方法正好契合了他的需求。

换言之，**书中信息质量的高低很大程度上取决于阅读者的不同需求**。如果想实现高质量的阅读，只需选择那些有助于解决自身问题的书籍，至于别人在看什么，则一点儿都不重要。

我在担任补习学校讲师期间读过一本书，至今印象深刻，因为它正好满足了我当时的需求。这本书叫《广告文案——触动心弦的话术》[⊖]。

⊖《广告文案——触动心弦的话术》（约翰 · 卡普莱斯著， 神田昌典监译， 斋藤慎子、 依田卓巳译【日文】， 钻石社出版）：

该书介绍了大量优秀商业案例的文案，并将这些文案模板化，使初学者只需"直接套用"便可写出人气文案，堪称经典。

什么是高质量的信息?

将土堆积成山　　　　用土填平漏洞

首先要了解自己有哪些漏洞
（需求），将漏洞填平会
比堆出一座山要轻松得多。

　　作为补习学校的老师，我的工作内容也会涉及编写暑期课程宣传册的文案。由于来听自己讲座的学生人数关系着自己收入的多少，宣传文案就成了非常重要的营销手段。

　　因此，在编写文案时，我参考了一些关于文案写作的书，结果成功招收到大量学生。虽然那本书的价格高达3000多日元，但它的效果大大超过成本。

　　这种"能够填补自身明显短板的信息"即为高质量信息。即便信息量有限，也能让阅读者有所收获。

　　而与之相对，"掌握后会对自己有所帮助，但与自身需求并无关联的信息"，则称不上是高质量信息。即使你在读书过程中获得这样的信息，也收不到读书的效果，只是白白耗费体力而已。

如上图所示，在空无一物的地方堆出一个土堆，与用土填平一处漏洞，这两个动作中哪个完成起来会更加轻松呢？显然，后者有重力作用的加持，操作起来会轻松得多。

读书与此同理。**若想投入尽可能低的成本，而收到同等的效果，首先需要了解自己的漏洞（需求）在哪里。**之后要做的就是**利用从书中获取的信息逐渐填平那个漏洞。**

借鉴理科生使用"参考书"的方法，大大提升上班族的读书效率

 学习参考书不能从头开始读

上班族必备的商业书籍或实用书籍的用途与考生的参考书十分相似。

参考书可以帮助考生掌握不理解的题目，是能让他们顺利通过考试的武器。而**商业书籍或实用书籍则能帮助上班族弥补自身的漏洞，可以说是一种解决实际问题的武器。**

这样就很容易理解为什么参照高分考生使用参考书的方法可以进一步提高上班族的读书效率了。

下面我来给大家介绍一下我在补习学校当老师期间曾给学生教授过的参考书使用方法。

成绩进步明显的考生们普遍掌握了以下使用参考书的步骤。

步骤 1：先做题，再看参考书，即明确问题所在；

步骤 2：不从第一页开始读，而是从有需要的地方开始读；

步骤 3：不写归纳总结笔记，而是提取必要的知识，并熟练运用它。

步骤 1 说的是不要在答题之前读参考书，关键是先在做题的过程中搞清楚自己不会做哪些题，需要补充哪些知识。

接着是步骤 2。每本参考书中都包含海量的信息，但考试不等人，考生们时间紧迫，如果从第一页开始读的话，根本来不及。所以，应该从书中挑出自己需要掌握的知识。这就需要"先做题再看参考书"。

最后，我们来看一下步骤 3。一旦把参考书中的信息整理到笔记本上，考生便会感觉自己已经掌握了这些知识，并因此而感到满足。然而，事实上他并没有真正记住那些知识，最后还是答不出题目。这是考生在使用参考书时非常容易犯的错误。

正确的做法不是做一篇归纳总结笔记，而应该只挑出自己需要的知识记在本子上，然后运用这些知识进行实践，也就是检验它们能否在考试中用于解答问题。这样，考生不仅可以"获得"信息，还可以通过"使用"这个信息，最终将其牢牢记住。

上班族也可以参照上述步骤来读书。

- 准确了解自己在日常生活和工作中的**不足或需要解决的问题**。
- 在此基础上，**选择有助于填补自身短板的书籍或内容**。
- **只提取必要信息**，然后将其应用于实践，使之最终**内化成自己的知识或技能**，而不是通读全书后进行归纳总结。

对上班族来说，这种读书方法非常重要。

下一章我们会具体说说快速提高读书效果的秘诀。

|总结|

降低阅读难度的窍门
▶ 舍弃"不读完太浪费"的观念。

不会速读方法，也能实现快速阅读时间
▶ 把重点放在"有多少内容可以不用读"。
▶ 在"获得解决问题所必需的信息"的那一刻，即为一本书"读完"之时。

聪明的理科生必备的读书法
▶ 在注意力高度集中且易于记忆的 15 分钟内读完一本书。
▶ 超合理化循环模式：重复进行准备、实验、评价这三个步骤。

读书效果应通过观察它给实际生活带来多大程度的改变来衡量
▶ 读书效率＝收到的效果／投入的成本。
▶ 要想提高读书效率，首先需要增大分子——收到的效果（给实际生活带来改变的程度）。
▶ 其次需要减小分母——投入的成本（金钱、时间、体力）。

最大限度地提升从书本中所获得信息的"质量"
▶ 高质量信息＝具有较高可复制性和通用性的信息。
▶ 对你而言的高质量信息＝能够填补你不足的信息。

借鉴理科生使用"参考书"的方法，大大提升读书效率的三步
▶ 步骤 1：先做题再看参考书——明确问题所在。
▶ 步骤 2：从有需要的地方开始读——寻找能契合自身短板的信息。
▶ 步骤 3：只提取需要的知识点，并应用于实战——提取有用的信息，应用于实践，最终牢牢掌握知识点。

第1章

快速提高读书效果的三要素

提高读书效果不可或缺的三要素

 读书效果最大化

我们辛苦读书，并不是为了最后夸这本书"真有意思啊"，而是希望将学到的知识加以利用，以最大限度地提高读书效果。

"读了这本书，我重新制订了促销计划，成功使潜在客户数量比上个月增长了50%。"

"当我用了那本指导书中的'倾听技巧'后，下属们渐渐开始积极地表达自己的意见了。"

如果在读书后能收到上面这些效果，自然是最理想的。可是，怎样读书才能获得这样的效果呢？

要想使读书效果最大化，下面三个要素必不可少。

①明确问题意识；
②设定最终希望达到的理想状态；
③充分利用从书中提取的信息。

要想使读书效果最大化，下面三个要素必不可少。

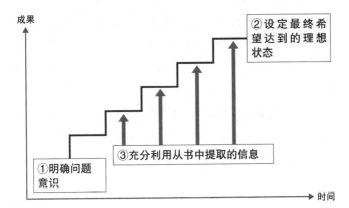

首先，要对现状具备提出问题的意识，其次，要清楚当问题解决后，自己希望达到什么样的理想状态。这就需要将问题细分，并在一次次解决问题的过程中分阶段推进。而这些阶段就是从书中抽取出一条条信息的过程。

最后，通过充分利用自己所需的信息，你就能一步步接近目标，最终达到最初设定的理想状态。我们可以用上图来描绘这个过程。

上述三个步骤缺一不可，忽略了任何一步，都会使读书的效果减半。

如果欠缺问题意识，就根本无法判断到底该从何做起。

如果没有预先设定好解决问题后想要达到的理想状态，就不能确定自己到底需要哪些信息。

如果提炼不出有效信息的话，精力就会被无关的信息分散，无法用最短的时间达成目标。

那么，读者在明确这三个要素之后，能够收到什么样的效果呢？

我们假设有一个销售人员在为客户进行重要的演示之前，他希望能通过读书来强化自己在这方面的技巧。

如果事先明确了最终的目标，读书时就可以略过"让交谈持续的闲聊技巧"之类与演讲无关的书籍、章节或内容。

当然，这样做也许不会增加你的闲聊技巧，但是精力集中在关键的演讲技巧上，相关技能自然会得到快速提升，也会大大增加企划提案获得通过的可能性。这就是为什么要明确问题意识，以及设定问题解决后的理想状态，因为这样就能从书中精准地筛选出需要提取的信息。

如果这位销售人员没有意识到自己的问题在于"演讲技巧不足"的话，就有可能去读一本跟自己的需要不匹配的书籍。

或者，即使知道问题出在哪里，但不清楚问题解决后要达到什么效果的话，他也可能会忽略"能让提案成功通过的简单演讲技巧"，而选择了"史蒂夫·乔布斯式极具吸引力的华丽的演讲技巧"。

假如读者可以预先设定一个问题解决后希望达到的理想状态，就能够在面对该读哪本书、该看哪些内容等问题时做出正确的选择。只有这样，他才能够在整个过程中准确地迈出每一步，并快速实现提案成功的最终目标。

用理科生"发现问题的能力"聚焦问题意识

 问题意识源于一个"为什么"

在理科生读书的过程中,最重要的一点就是如何从一本书中找出对自己有用的信息,并加以实践。

如果没有问题意识,就不知道什么是有用的信息。

而这种明确问题意识的能力就是"发现问题的能力",也就是从日常生活中发现问题,并从自己的角度理解问题的能力。

如果欠缺发现问题的能力,就不会产生问题意识,也就无法通过读书去解决问题或实现自我成长。

那么,我们该如何培养并掌握这种发现问题的能力呢?从根本上讲,这需要一种"匮乏感"或"不足意识"。而在我的专业领域之一的自然科学研究中,这其实是一种普遍的思维方式。自然科学认为,一切研究都是从问"为什么"开始的。

"苹果为什么会掉下来?"

"太阳为什么是东升西落?"

"海水为什么是咸的？"

这些问题最初都是从一个"为什么"开始的，然后引发大家对于真理的探索，通过不断的实验、研究，最终证明自己的假设。**在发现问题的时候，一个重要的起点就是问一个"为什么"。**

不论在工作中，还是生活中，都是如此。

"为什么同样的工作，我却不如同事做得好？"

"同事身上有哪些我不具备的东西？"

"怎样才能补足自己欠缺的这些东西？"

 具备问题意识

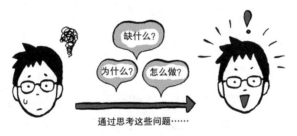

通过思考这些问题……

通过思考这三个问题，找到自己"欠缺"的东西

像这样，可以**通过寻求"缺什么""为什么"和"怎么做"的答案来搞清楚自身的问题**。在这个过程中，你必定会认识到自己"欠缺"的东西。我们一旦了解到自己的

不足，就一定会想办法去弥补，这是人性使然。而**这种想要弥补自身不足的愿望，也就是所谓的"问题意识"。**

我们平时可以通过多问问"为什么"来提高自己发现问题的能力，增强自己对问题意识的敏感度。

不必因"不足"而消沉

当发现自己的"不足之处"时，人们最在意的就是与别人比较。"他都可以，我却不行"的想法会让人感到自卑，从而陷入消沉的情绪中。过去，我也曾是这样一个自卑的人，总关注自己的"不足"，经常意志消沉。

其实，真的没有必要因为和别人在能力上存在差距就感到自卑。**我们不必把自己在某个方面的欠缺扩大到所有方面。**

反之，为了不自卑而故意对自己的不足之处视而不见，也不是一种正确的做法。

社会上流行着这样一种观点——要做独一无二的自己，拿自己与他人比较毫无意义。

对此，我一半赞成，一半反对。

在理科专业领域的研究中，有一种基本的实验方法叫作"对照实验"——对多个只改变一个条件的实验对象进行实验，并通过比较每个条件对实验结果产生的影响来进行检验的方法。我们也可以把这种对照实验的逻辑套用到与别人的比较中。

"他的优点是声音洪亮。那么，如果我把声音也变得如此洪亮，结果会怎样呢？"

如此，我们可以将自己当作一个实验对象，一边改变条件，一边去检验结果。这种思维方式对于提升自身技能相当有效。

这里的关键在于，要<u>聚焦于他人的长处</u>，比如"他擅长干什么""她为什么有这方面的能力"，并<u>将之与自己进行比较</u>，就能发现自己的不足之处。

苏格拉底曾提出"无知之知"的概念。意思是说，认识到自己无知的人比自认为有智慧的人更加优秀，因为他们能不断地在学习中实现自我成长。

因此，可以说，当你意识到自己的"不足之处"，并能积极面对自己的不足时，就已经迈出了成长的第一步。

锁定问题所在的自我三问

也许有些朋友会觉得，自己想解决的问题太多，不知该从何入手。

我有一个好方法可以解决这些朋友的困扰，那就是向自己提出下面的三个问题。

"亟待解决的严重困扰是什么？"

"希望运用所学的知识实现怎样的状态？"

"周围人对你的需求是什么？"

前两个问题很好理解，即自己对亟待解决的问题或希望达到的理想状态把握得越清晰，问题意识就越强，也就越易于从书本中提取信息。

而第三个问题稍有不同。

读书是为了提高自身能力、增长知识，而如果只把它看作自己的事情，就很容易变得目光短浅、目标不明确。

因此，就要考虑**"周围人对自己有什么样的需求"**。换言之，也就是"自己所学能够对（除自己以外的）什么人带来什么样的帮助"。

在进入骏台预备学校工作的第二年，我曾在读书的思维方式上犯过严重的错误。

当时的我自知缺乏社会经验和专业技能，必须去学习，于是便到书店搜罗了各种各样的书籍，开始努力读书。

其中，我读得最多的是一些出自经营管理顾问的经营方法和工作技巧等方面的书籍。因为在我这种初入社会的上班族看来，经营管理顾问俨然是一个无所不能的职场天花板一样的存在。

预备学校老前辈成川博康老师看到我一直在读这类

书籍，一天，他给了我一些忠告。成川博康老师是我的引路人，他目前在补习学校界首屈一指的河合塾担任英语讲师。包括视频课程在内，河合熟每周的上课学员超过八万人。

他对我说："你现在读书是为了给谁带来什么样的帮助呢？现在最迫切需要学习的难道不应该是对眼前的学生们有所帮助的东西吗？否则，你就得不到任何人的任何评价。照现在这个样子下去的话，你将变成一个无的放矢、光说不练的嘴把式。"

自认为一直在积极学习的我，就这样被老师完全地否定了。当时我的确很生气。不过，事后冷静下来想一想，成川老师的话也不无道理。

作为补习学校的讲师，最主要的职责就是要在不到一年的时间里大幅提高学生们的学习能力，让他们能够考入理想的大学。因此，对我这个补习学校讲师来说，最优先学习的应该是与这些方面有关的必要知识和技能。

即使我通过阅读商务类书籍增长了经营或经济方面的学识，也无法用这些知识直接解决自己目前面临的问题。我终于意识到，自己搞错了学习的优先次序，绕了弯路。

接着，成川老师又说道：

"我并不是否定你通过书本进行学习的做法。不过，你在教学方面更直接地对学生有所贡献之后，再读书、学习也不晚。不如先快速精进自己的专业技能，等你成为全国最优秀的化学讲师以后，再去享受其他领域的学习乐趣。"

成川老师的这番话大大激发了我的问题意识，让我敏锐地意识到了自己的问题所在。

于是，根据他的建议，我决心"今后要以能够让学生们考入第一志愿大学为目的，进行知识的扩充和技能的提升"。为了填补自己的"不足"，我拼命地读书，甚至到了"停不下来"的地步，进而渐渐将从中学到的专业知识、谈话技巧、教育心理学、教材编写方法等应用于实践。

这样坚持了一段时间，成效显著。工作到第六年时，我在"课程满意度调查（毕业生部）"中获得骏台预备学校化学专业第一名；第九年时，我的化学专业季度讲习会的学员人数（除线上视频课）达到全国第一。

从根本上来讲，问题意识是针对内在的"自己"而存在的。比如，意识到"我自己想成为这样的人"，或"我想朝着这个方向发展、进步"。

然而，只从自身考虑的话，又无法确定该优先解决哪个问题。这时，就要考虑一下周围的人或自己应该帮助的人。

"当我解决了这个问题后，究竟会为谁带来什么样的帮助？"

若以这种外向视角重新审视自身的问题，就能明确眼下应该努力的方向了。

90% 的读书效果由预先设定的理想状态决定

明确自己最终想要达成怎样的状态

90% 的读书效果取决于我们如何设定问题解决后的理想状态。尤其是在职场中，问题解决后的状态如何，将直接影响工作成果，关系到自己在公司内外的评价。

这里所说的"问题解决后的理想状态"，是指"想实现某个目标"或"希望自己能胜任某项工作"的状态。在开始读书之前，通过**预想一个读后将达到的最佳状态，可以做到更精准地从书中提取信息，快速加深自己对书中内容的理解**。

比如，你读了一本关于企划设计的书，你可以尝试用你在书中学到的技巧，在公司内部的新品开发会议上提出一个方案。

这其中的"在会议上提方案"就是"对书本知识的应用"，而在提出方案后，若"自己的意见被采纳""得到公司的批准"或"开发出了受欢迎的产品"等，都可以说是很理想的状态。而能在读书之前就设定好这些理想状态，则显得非常重要。

如果我们清楚地知道"自己是否得到了希望的评价"，就更容易设定理想状态。这里所说的"评价"，就相当于理科读书法中"阅读—实践—检验"循环里的"检验"部分。

 设定理想状态时，应预想将得到怎样的评价

所谓"检验"，就是对于将书本内容应用于实践后，在多大程度上解决了问题，自己进行检查，或让他人做出一个量化的评价。

就拿做饭来说，假如你要做一顿饭，那么该如何决定食材或菜单呢？

如果这顿饭不是自己吃，而是为其他人做的话，你是不是需要事先了解对方的喜好、当天的心情、不能吃的食物等情况之后，再去考虑如何安排菜单，以及购买食材呢？只有这样，你才能做出一桌让客人很有食欲的饭菜。

也有人会完全不考虑客人的情况，直接购买自己觉得合适的食材，并按照自己的想法安排菜单，这样做会大大增加失败的风险。

他们做出的饭菜很有可能因不合客人胃口，或使用了客人禁忌的食材而被剩下。这样，他们不仅无法让客人满意，还白白耗费了自己的时间和精力，也浪费了辛苦买回来的食材。

因此，为了不做无用功，事先搞清楚"为谁而做"非常重要。

特别是在职场中解决问题时，能否得到周围人（公司内外的人或消费者）的好评尤为重要。即使自己认为能够解决问题，如果不能给周围人带来帮助的话，自己所做的一切都是毫无意义的。

也就是说，**首先应搞清楚"自己想得到怎样的评价""什么样的状态会得到好评"，然后从这个预想状态倒推，精炼从书中获取的信息，确定付诸实践的内容——这可称得上是以最短路径达到最佳效果的合理化读书法。**

 ## 理科生必备的"倒推"思考习惯

理科生总喜欢排除掉无益的部分，极力避免非合理化行为。所以，理科生读书时，也会选择以最短路径去达到目的。为此，他们会有意识地运用"倒推思维"。

不管是在数学学习，还是在科学研究中，**理科生通常习惯于从结论出发倒推思考。**比如，在科学领域中，先假设"能够得出某个结论"，然后为了证明这个假设进行实验。

这种先聚焦于得出成果，然后从成果倒推设计实验路径的方式称为"逆向设计（backward design）"。

这是由美国新泽西州的"真实性教育"团体的代表人物威金斯（Wiggins, G.）和马里兰州课程评价协会会长麦克泰（McTighe, J.）提出的理论。

如果要把读书成果应用到职场中，就要做到回报最大化。因此，必须注重解决问题的精准度以及最终评价。本节标题——90%的阅读效果由预先设定的理想状态决定，也正是此意。

"一本书解决一个需求"，提取信息时切勿花心

越想获得大量信息，反而越会使实践效果下降

当你发现一本能解决自己多种需求的书时，一定想马上把它买下来。没错，如果遇到这样的书，就应该毫不迟疑地入手。

不过，我在这里想提醒一下，你**需要在刚开始阅读的时候把想解决的问题数量压缩到一个**。因为这样做**不仅可以大大提高对书本内容的理解度和吸收率，而且能增加实践的成功率**。

如果想仅通过一本书就解决所有问题，那么对其中每条信息及方法的理解就会出现偏差。因为人无法同时理解多条新信息，会因信息过多而引起"消化不良"。若硬要一下子都吸收这些信息，那么从书本中提取信息的质量就会下降，还很有可能根本无法将有用的信息应用到实践中。

比如，一本关于"项目管理方法"的书中，会包含"明确项目目标的方法""风险管理的要点""PDCA循环

的方法"等技巧。

这些知识对于一个想学习项目管理方法的人来说，确实会对他的每一个项目都有所帮助。因此，他会想要把这本书全部读完，并把其中的知识全部消化吸收。

然而，即便是通读了整本书，要理解并记住其中的所有知识也是一件非常困难的事情。再说，读完整本书要花很多时间，而且读完之后，想把知识应用于实践时，也会不知道该从何开始。

目前，我正在东京大学研究生院学习人工智能。在人工智能的技术中，有一个被称为"机器学习"的学科。所谓机器学习，简言之，就是让电脑分析大量数据，并从中提取出能够解决问题的信息的方法。

在学习这门学科的过程中，我发现了一个很有意思的事实——"**如果原始数据本身质量很低的话**，那么不管人工智能处理多么庞大的数据，**它所导出的分析结果的质量也会很低**"。

即使对于在数据输入方面远超人类的人工智能来说，若输入的数据质量不高，最终得到的结果也会是低质量的。

从读书的逻辑上来讲，"坏书犹如毒药，足以伤害心神"。这句名言是德国哲学家叔本华在他的《关于读书－外二篇》[⊖]（斋藤忍随译，岩波书店）中提出的。

为了提高解决问题的精准度，我们在读书时，应该将待解决问题的目标精简至一个。这个精简的过程有助于我们提高对书本的理解度，大大提升吸取知识的质量。

⊖ 《关于读书－外二篇》：
关于读书方法入门的一本古典名著。其中的内容大多适用于现代信息化社会。其内容还包括有关文章表达的思维方式和技巧，是一本适合所有人的关于"写作"的书。

信息贵在"精炼"——
90% 的内容可以忽略

 一本书有 90% 的内容可以忽略

精炼信息还有别的原因。一般来说，商务或实用类书籍的页数为 200~300 页。这对我来说，信息量有些大。因为，如果不断重复"阅读—实践—检验"的超合理化循环模式，那么将书中的所有内容都进行一遍，就需要花费大量时间。

商务或实用类书籍是将作者经过数年甚至数十年的时间获得的智慧集于一身的读物。在某种程度上，甚至可以说，它的内容凝聚了作者的人生经历。因此，想将这样的一本书完整地吸收并付诸实践的想法多少有些轻率。

这种想要将书本内容全部应用于实践并取得丰硕成果的决心，毫无疑问是很可贵的。但这样做很容易适得其反，使读书效率大大降低。只有从中挑选出自己所需要的信息，再进行实践、检验，才能切实地掌握一种方法、获得智慧。

也就是说，<u>没有必要把一本书从头读到尾</u>。我认为，如果读了一本书的 10%，就已经找到对解决自己问题的有用信息，则可以放弃剩下的 90% 的内容。最近，高品质的商务类或实用类书籍层出不穷，就算只读 10% 的内容，也足以获得物有所值的信息了。

精炼信息更易产生改变

我们越是对信息精挑细选，就越容易让自己产生变化。

下面用烧开水来打个比方。

一杯水和一壶水，哪个会最先沸腾呢？假设施加在二者身上的热量相等，当然是杯子里的水会更快沸腾。

若是半杯水呢？想必会比一整杯水沸腾得还要快。

哪一个更快？

一杯水　　　　　　　　　　一壶水

量越少，越容易发生变化

在读书时获得的效果，也与此相同。**想要产生大的改变，我们需要花费大量的时间和精力，而一个小的改变则无需花费太多工夫，很快就能做到。**

如果在读完一本凝聚作者方法和心得的书籍之后，就一定要将其中的全部内容付诸实践的话，那么这个预设要改变的目标就未免太大了。而且，要实现这些改变，我们需要花费大量的时间，中途还很有可能会遇到困难而放弃。

与其这样，倒不如只读几页，然后"一点一点地"进行一些"小小的"实践，这样更有可能带来切实的变化。

所有生物都具有不喜变化的特性。这在生物学上被称为"内稳态（homeostasis）机制"。

人类及其他哺乳动物都拥有调节体温的机能。比如，当外界温度较高时，可以通过出汗来降低体温，最终使体温维持在相对稳定的范围内。

不只是身体，人类的大脑也存在这种内稳态机制。当**人的大脑无法跟上剧烈变化时，如果强行做出改变，只会使它"关机重启"。**

我们都知道，对于一个每天七点起床的人来说，即便他下决心"要早起"，想从第二天开始就养成每天四点起床的习惯，也是非常困难的。其结果肯定是坚持不过三天就会放弃。

如果想做出一些改变，可以从**一个非常小的目标开始，这是打破内稳态机制的秘诀**，比如，先尝试"只比平时早起十分钟"或"早睡三十分钟"等，而不是一下子就早起三个小时。

同样，在实践书本知识时，也可以先精炼信息，只选其中一两条信息开始尝试，这才是积极做出改变的有效方法。

 短期记忆与精细化学习

精炼信息是一种能让大脑记住书本信息的重要方法。

我们的记忆分为短期记忆和长期记忆。

短期记忆，是指只能在几十秒到几小时的短时间内维持的记忆。绝大多数的短期记忆都会被忘掉。但也有一些短期记忆会在大脑中固化下来。这种通过固化能够长时间维持的记忆称为长期记忆。

我们记不住读过的内容，就是因为从书中获得的那些信息没能在大脑中形成长期记忆，即没被保存下来。

那么，怎样才能让读过的内容形成长期记忆呢？这就需要"精细化学习"。

所谓"精细化学习"，就是不断将短期记忆与已有知识相结合，并尝试去理解其内在联系的过程。简单来说，就是多次将书中的方法拿到实际生活中进行"尝试"。这样就可以使短期记忆转变为长期记忆。

从大脑的这种记忆机制来看，在读书过程中将信息加以精炼也是有好处的。

 ## 以忘记为目标

看到这个标题，大家可能会产生疑问——前面还在讲如何形成长期记忆，这里怎么突然自相矛盾了呢？其实说到底，**就算把书中的内容全都忘光了也无妨**。反倒是应该把忘记当成一个目标。

这到底是为什么呢？下面我就通过"学习过程的四个阶段"来进行说明。首先，人的学习过程分为下面四个阶段。

第一阶段：无意识无能力（既不知道，也做不到）；
第二阶段：有意识无能力（虽然知道，但做不到）；
第三阶段：有意识有能力（若意识到，就能做到）；
第四阶段：无意识有能力（下意识中也能做到）。

当你通过读书获得一些知识时，也仅仅是从第一阶段过渡到第二阶段而已。

而将书中内容应用于实践，反复练习，便可以从第二阶段上升至第三阶段。

如果我们能够通过反复实践达到第四阶段的话，那么即便忘记了书中的内容，也完全没问题。这就像我们开车或说话一样，已形成一种能够在无意识中自动做出反应的状态。

理科思维读书法的目标，就是通过读书将所学知识提升至"无意识有能力"的最高阶段，将其完全内化成自己的一部分。

"咦，这个方法好像在哪本书里看到过？"——即便忘了出处，但只要那个知识或技能本身已经变成了你的一部分就可以了。

|总结|

在读书前提高读书效果的方法

▶ 三步教你如何正确,选择读什么书、读哪些部分:

①明确问题意识。

②设定最终希望达到的理想状态。

③充分利用从书中提取的信息。

锁定问题所在的有效自我三问

▶ ①"亟待解决的严重困扰是什么?"

▶ ②"希望运用所学的知识实现怎样的状态?"

▶ ③"周围人对你的需求是什么?"

如何设定问题解决后的理想状态

▶ 明确"自己想得到怎样的评价"以及"一般什么样的状态会得到好评"。

▶ 为了找到最短路径,养成"从结果倒推"的思维习惯。

信息贵在"精炼"——90%的内容可以忽略

▶ 按"一本书解决一个需求"的原则提取信息,以保证质量。

▶ 精炼信息更易产生改变。

▶ 通过"精细化学习",使短期记忆转变为长期记忆。

▶ 将读书所学提升至"无意识有能力"的最高阶段,以期将其完全内化成自己的一部分。

第2章

提高阅读理解力,
让书本知识转化为
成果的理科思维读书法

进入超合理化循环模式前须具备的三种能力

 阅读理解力由词汇能力、句法能力和上下文关系能力构成

在介绍读书法的具体步骤之前，我们先来聊一聊读书中不可或缺的阅读理解力。

"阅读理解力"包含以下三种能力：词汇能力、句法能力、上下文关系能力。

首先，词汇能力是指你能否理解文中词语的意思。

以我为例，在读一些商业书籍时，经常看到"KPI"这个词，而我当时就完全不理解它的意思。

KPI 是职场常用语，即"Key Performance Indicator"的缩写，意为"关键业绩指标"。在实际中，它是衡量目标完成度的一种量化指标。比如，"这次网站更新的 KPI 是什么？"

像"KPI"这种常识性的惯用专业词语或行业用语，如果不明白其含义，你就无法顺畅地理解文章的意思。

若书中对这类词语有单独的注释，则不影响我们阅读，但还是要养成遇到不懂的词语就立刻去查阅资料的习惯。

构成阅读理解力的第二种能力是句法能力，也可以称之为语法解析能力。

在阅读外语文章时，这种解析能力非常关键，如主语和谓语的关系、被动与主动、句子与段落等，若不了解语言中这些特殊的语法规则，便无从理解文章的意思。

而日本人在读日语文章时，不用特别在意那些语法规则，也能理解文章的主旨。

但有时也会碰到一些难以理解的文章。特别是学术论文之类的文章，经常会出现超长句，常常还没读完整句话，就已经搞不清主语了。

遇到这种晦涩难懂的文章时，关键是要注意 "主语和谓语的关系"。

也就是说，**我们先要搞清楚"什么""怎么了"的问题**。说到底，只要正确把握了主语和谓语，即使只是快速、粗略地浏览其他部分，我们也能够对整体内容形成大致的理解。

碰到长句子时，可以先将其切分成数个短句进行重新整理后，再去找主语和谓语。

此外，有一个可以提前了解结论的窍门，那就是关注结尾部分。因为日语与英语不同，多数情况下都会将结论写在最后。

只要我们多注意这一点，就可以提高阅读理解方面的句法能力。

如果仍然有读不懂的内容，就暂时跳过去。因为很多时候随着阅读的推进，后面出现的具体示例也能够帮助我们理解前面的内容。

第三种能力是上下文关系能力，它对于理科思维读书法来说尤为重要。

这里所说的上下文关系不单指文章前后的关联性，还包括事物的条理及背景信息。

所以，如果对"作者的立场""该领域常识""时代背景""社会形势"等不甚了解，就很有可能导致误读。

关于"该领域常识"这点，我们拿"设计"这个词来举例。在有关时尚行业或制造业等的语境中，它常用来表示有创造性；而在经营战略或商业模式等语境中，有时也用于表示解决问题的过程。如果我们不了解这些背景知识，就可能会误解文章的内容。

如果我们在阅读之前需要先了解一些逻辑或背景，那么有意识地提前记住相关信息，就能够提高对文章的理解度。关于这种逻辑脉络，我们会在后面的"步骤1：理解图书脉落"中详细介绍。

把阅读想象成"在河里捕鱼"

 "阅读"过程包括四个步骤

前面已经介绍了理科思维读书法，就是不断重复"阅读—实践—检验"这个超合理化循环模式。本章先来介绍"阅读"的具体方法。

首先要知道的是，"阅读"过程包括以下四个步骤。

步骤 1：理解图书脉络；

步骤 2：提取书中精华；

步骤 3：不盲信作者的见解；

步骤 4：基于可用信息提出假设。

 超合理化循环模式的"阅读"

从书本中快速提取出有助于解决问题的信息，对这些信息提出质疑，并提出假设。

让我们把读书想象成去一条河里捕鱼。

要想捕到鱼，首先必须了解这条河。

我们需要知道河的流向，以及哪些河段有什么样的鱼，这就是步骤1"理解图书脉络"。

大致了解这条河以后，就可以开始撒网捕鱼，也就是去获取符合自己需求的信息。

只有这样，我们才能捕获自己想要的鱼。对应到读书中，就是对获得的信息进行选择取舍，使之契合自身的问题所在。这就是步骤2"提取书中精华"。

捕获鱼之后，还要对其进行检查。因为其中有可能混杂着一些自己并不想要的鱼。即使看起来很美味的鱼，也可能因有毒而无法食用。所以，必须将这类鱼丢弃。这就是步骤3"不盲信作者的见解"。

最后，为了将捕获的鱼做成美味的菜肴，需要对其进行烹制。这就是步骤4"基于可用信息提出假设"。

在做科学实验前进行的调查研究过程中，也有着几乎相同的步骤。

步骤1：在一定程度上对该学术领域及学会的相关信息进行了解；

步骤2：检索并下载相关论文；

步骤3：对检索出的论文内容进行确认；

步骤4：对其中有用的内容进行自主性验证。

在理科思维读书法的"阅读"过程中，也要通过以上四个步骤对信息进行筛选提取，并以之后的"实践"为目的提出假设。

如果把读书想象成在河里捕鱼，则应该做到以下几点：

①了解河流的相关信息　　②在河中撒网

③检查捕获的鱼　　④进行烹饪前的准备

读书就像是在河里捕鱼，为了能享用到美味，前期的准备工作非常重要。

步骤 1：理解图书脉络

确认元数据——书本的"背景"由时代和文化两方面决定

在理科思维读书法的"阅读"方法中，第一步是"理解图书脉络"。

正如前面所讲过的，这里的图书脉络不仅指文章前后的关联性，还包括理解文章所必须的"背景信息"。

在理解图书脉络的基础上，再进行阅读，我们便可以快速准确地掌握书中的内容。即便是粗略浏览，在读书之前，我们也一定要先在理解图书脉络上下功夫。

理解图书脉络的窍门，就是确认"元数据"。

所谓元数据，指的是"关于数据的数据"，也就是能帮助我们大致理解书本内容的信息。

而书籍的元数据指的是标题、副标题、腰封内容（如有）、出版时间、作者姓名、作者简介以及目录等。

通过事先了解这类信息，有助于我们之后从书中提取必要的信息，并能缩短阅读时间。

打个比方，这种元数据就好比是瓶装饮料的包装或标签。

我们在喝瓶装饮料前，可以通过包装或标签上的成分表等信息推断出饮料的口味和所含的营养成分，从而做出"柠檬味的，喝起来应该不错"，或"含糖量太高，不适合我"之类的判断。

我想，应该不会有人在不看饮料包装，且不知道里面是什么的情况下就贸然饮用。

那么，对于书籍也是一样的，我们需要<u>在阅读之前先了解元数据，对其背景信息和内容有大致的印象</u>。

特别是图书的出版时间、作者简介和目录这三项，我们一定要事先了解一下。另外，如果是外国书籍，也要一并确认国名。

当我们充分掌握这些信息时，便能在之后的精细阅读中快速地对文章的逻辑或脉络形成充分的理解。

把握时代背景

首先，出版时间是了解图书时代背景的重要因素。

对于纸质书籍来说，即使内容方面需要修改或变更，也无法及时进行更新。因此，了解一本书的出版时间，就能知道书中涉及的是哪个时期的信息。

确定了出版时间之后，再一边推测相应的时代背景，一边进行阅读。

比如，在日本经济快速增长的时代写就的"企业人的工作方法"或"必备技能"，就很可能与现代的相关内容存在差异；在日本论资排辈盛行的年代与论资排辈已经瓦解的现代相比，想必在公司上班的意义也发生了改变。

如果事先没有了解这些时代背景，那么在阅读中提取出的价值观、思维方式或技能等就有可能与现在时代格格不入。

虽然详细地掌握每个时期的时代背景不是一件容易的事，但我们最好能对其有大致的了解。特别是应该对那些足以改变人们价值观的重大事件保有最基本的理解，比如2008 年的雷曼事件、2011 年的东日本大地震、2020 年爆发的新冠肺炎疫情等。

如果我们能再对书籍所属领域内的重大事件（法律修订、行业重组、最新流行商品）也有所了解的话，便可进一步加深对该书中内容的理解。

不过，对于经久流传的"古典"类书籍，关注它的出版时间是没有意义的。因为这种超越时代的经典书籍会不时在形式上稍作改变后进行再版。

在这种情况下，我们需要了解的就**不是出版时间，而是作者生活的时代背景。**

古典名著大多也有作者简介，有些图书出版商甚至会细心地在开头部分加入对作者时代的介绍。通过读取这种元数据，并对时代背景有了一定的理解，之后我们再开始阅读，有助于快速理解书籍的内容。

也有一些朋友会阅读国外的专业书籍或商务书籍。这时，就需要事先了解该书出版国的文化背景与日本文化之间的差异，这样更有助于理解其内容。

比如，美国文化比较重视对个人的尊重，而日本文化则更强调对组织整体的尊重。这种文化差异往往表现为不同的公司组织运营模式或学校学习方式。

此外，美国是一个联邦制国家，而日本是单一制国家。多样性（在性别、人种、国籍、宗教、年龄、学历、职历等方面产生多元化的思维方式）价值观在多民族聚居的美国已被人们广泛接受，但在日本这个单一制国家里则尚未被普遍认可。

如果说美国书籍的翻译版本让人感到"晦涩难懂"，那是由于在不同的文化和社会背景下，人们使用不同的举例和说明方式导致的。

"说话的人"比"说的内容"更重要

其次，为了理解图书脉络，我们需要仔细阅读作者简介。

通过阅读作者介绍，我们可以了解其所属的机构、专业领域以及最擅长的领域，从而判断"该作者是否有资格阐述这个主题"，或"作者为什么就该主题进行阐述"。

比如，同样是市场营销类书籍，原宝洁公司的森冈毅写的《USJ 戏剧性的改变，唯一的思考方法——走向成功的营销入门》[⊖]（Kadokawa[⊜]出版）与东京大学研究生院经济学研究科的阿部诚教授所著的《东大教授教你制胜营销法》[⊜]（Kadokawa 出版），这两本书的着眼点自然会有所不同。

⊖ 《USJ戏剧性的改变， 唯一的思考方法——走向成功的营销入门》：

该书是以"什么是战略性思维"为中心，介绍营销基本方法的教科书。书中提出的思考方式不仅限于企业或组织内，也同样适用于个人的职业发展，可以说是一本泛用性很高且干货满满的实用手册。

⊜ Kadokawa：

角川书店（即株式会社角川書店，Kadokawa Shoten Publishing Co., Ltd.）成立于1945年，是日本很有名气的出版社之一，总部位于东京千代田区。

⊜ 《东大教授教你制胜营销法》：

从学术观点阐述市场营销的一本书。书中对营销的机制及原理进行了充分、大量的说明，以刺激读者的求知欲。由于几乎不包括晦涩的词句，这本书对营销初学者也非常友好，实属难得的佳作。

与出身民间企业、擅长大公司市场营销实战的森冈先生相比，阿布教授更善于从旁观者的角度进行学术性分析。所以，同样是以市场营销为主题的书籍，作者会以各自擅长的方式，从不同的角度进行呈现。

因此，通过作者简介了解作者相关的背景信息就成了读书之前必不可少的一件事。

如果某本书的作者简介中提到了作者面对困难、历经艰辛的轶事，则可以判断出**该书的内容具有较高的价值。**

下面，我想以日本 BizReach 网站董事长南壮一郎先生写的《如何打造一个绝不动摇的核心》⊖（钻石出版社）一书为例，介绍一下它的作者简介。

从该书的作者简介可以看出，南壮一郎先生在日本 IT 行业泡沫破灭之后的低谷期进入东北乐天金鹰队（Tohoku Rakuten Golden Eagles）的创始团队，后来还有一段独立创业的波折经历。其简历如下。

南壮一郎（Minami Soyichiro），1976 年生，现任 Biz-Reach 株式会社董事长。

⊖ 《如何打造一个绝不动摇的核心》：

这是读者在努力进取或在当下从事的事业上丧失自信之时，会想去反复阅读的一本书。正因为作者对现实情况非常了解，所以书中没有华而不实的辞藻，可谓字字珠玑，能使人内心为之振奋。

1999 年大学毕业后，入职摩根士丹利证券公司。对于一个白领上班族来说，这堪称顺风顺水的开端。但由于始终无法放弃自己年少时憧憬的体育产业梦想，于 2003 年自立门户，在既没门路也没人脉的情况下，面对挑战，从零做起。最初通过给美国棒球大联盟的全部 30 支球队写信，在未预约的情况下突然造访美国体育经纪人办公室等方式，虽然结识了很多人，也学到了很多东西，但由于日本当时正处于 IT 行业泡沫破灭后的经济不景气之中，完全得不到工作机会，于是尝尽了失败的滋味。

2004 年（28 岁）时，南壮一郎意识到"不能再这样下去了"，继而由一则关于创建新球队的新闻产生一个想法，于是直接找到乐天株式会社的三木谷浩史董事长进行面谈（仅 20 分钟），之后便得到进入东北乐天金鹰队创始团队的机会。在乐天金鹰工作期间，最初负责协助团队运营及各项业务的启动，之后历任总经理助理、球迷娱乐部部长、太平洋棒球联盟联合公司负责人等职，第一年就使球队业务扭亏为盈，创造了几乎不可能完成的成绩。并且，他以发展地域密集型球队为目标，为球队融入仙台本地而筹办了各种活动和比赛。

2007 年，为了实现自己的终极梦想——成为美国超级棒球联赛的球队老板，而退出了乐天公司。同年，成立 BizReach 公司，并出任董事长。该公司成为日本首家专门发布年薪 1000 万日元以上招聘信息的个人付费型人力资源网站。2010 年 8 月，成立限时特卖网站 LUXA，并兼任子公司 LUXA 株式会社的董事长。

此外，还曾任"磐田朱比洛"的顾问。

从以上南壮一郎的简介中，我们仿佛可以看到他那种在任何情况下都不气馁，以坚定的意志向着自己的目标不断前进的姿态。

像这些拥有"历经艰辛最终成功"经历的作者，很可能会将他们克服困难的具体方法写入书中，因此，这样的书籍对我们解决自身问题大有裨益。

从目录中了解"系统"

最后，在理解图书脉络时，另一个需要和作者简介一样仔细阅读的部分就是目录。目录可以说是整本书的"系统"，也可称为一本书的"体系"。

理科类学习特别重视对系统的理解。这是因为在科学领域中，理解了整个系统就等于理解了"整体"与"部分"之间的关系。

比如说，在化学中，物质大致被分为无机物和有机物。也就是说，在"物质"这个"整体"的框架中，包含无机物、有机物这两个"部分"，这就是它们之间的关系。

我们可以在了解这个系统之后，通过关注整体与部分之间，以及部分与部分之间的关系来进行思考。

在开始某一领域的研究或学习之前，必须先对其整体系统进行初步研究，这是理科体系中的基本惯例。

读书也是一样，应先通过浏览目录来理解书籍的整体系统。通过看目录，我们能了解图书的整体面貌，把握各章节的大概内容。

在理科思维读书法中，即使不对所有的"部分"进行精读，也需要了解未读"部分"在"整体"中的位置以及相互关系。正因如此，事先通过浏览目录来了解全书的整体面貌就显得非常重要。

那么，应该如何阅读目录呢？首先，要以章为中心进行阅读。在这个阶段，只要对每章里的小标题有大概的了解即可。

从章节结构来看，商务书籍大多由 3~7 章构成。有时也会分成上、下两篇，下面再分章节。从整体来看，这类书通常都是由 3~7 个大的部分组成的。

在目录中，每一章都会有一个吸引读者的标题，但有时我们仅靠看标题仍很难理解图书的整个系统。

于是，我会在各章添加一些笼统的标签。这类标签能够将每章内容抽象概括出来，其内容大致可以分为下面八类。

- **背景**——与书中内容相关的时代背景及社会背景等。
- **定义**——理解书中内容所需最低限度用语的意思或关键词的定义等。
- **作用**——读这本书的价值、必要性、意义或效果等。
- **机制**——事物的原理、原则或结构等。
- **方法论**——技能方面的理论或法则等。
- **技术**——实践过程中的具体方法或工具的用法等。
- **实例**——具体的成功案例、企业或产品的介绍等。
- **其他**——常见问题与解答、对话或附录等。

　　一本书不一定会包含上面所有类型的内容，不过，只要它的目录不易理解，就可以在各章标题处标注上这些标签。

　　读者可以随意设定每个标签的名称。养成习惯以后，便不需要特意附加标签，只看一眼目录和标题，就能立刻了解全书的系统了。

　　在实践中，给一本书的目录标上"标签"后，目录就会变成下面的模样。

下面以《未来蓝图》[⊖]（神田昌典著，钻石出版社）为例进行说明。

背景	……第一章	故事是推动人们的原动力
作用	……第二章	沉睡在你体内的故事的力量
技术①	……第三章	向新的现实启程
技术②	……第四章	七个实验：未来蓝图完全解说
实例	……第五章	创造未来的行动实例
其他	……第六章	关于未来蓝图，常被问及的13个问题

下面以《让网红视频和直播必火的手法》[⊖]（饭田祐基著，钻石出版社）为例进行说明。

⊖ 《未来蓝图》：

本书突破性地将故事这一文学表现形式纳入系统科学，并提供了大量的具体方法，使不擅长讲故事的人也能够在日常生活的各个场景中通过创造故事的方式引导思维。书中还包含许多实验案例，具有很强的实践意义。

⊖ 《让网红视频和直播必火的手法》：

书中提供了大量有关推广视频或人气直播内容的制作及运营的技巧。本书可广泛应用于企业的公关、宣传乃至个人社交网络，是一本难得的实用教科书。

背景	前言	九成以上的公司都"尝试过，但收效甚微"
定义	第一章	很多人不知道的视频基础知识
技术①	第二章	"推广视频"的内容制作方法
技术②	第三章	"人气直播"的内容制作方法
技术③	第四章	如何利用"推广视频或直播"进行宣传
技术④	第五章	如何衡量及分析推广效果
技术⑤	第六章	在市场营销中充分利用网红的作用
其他	卷末附赠	（话术、器材）

像这样标上标签后，我们便对书的整体面貌及结构一目了然。从而能够对该书"总体写了什么内容""每个部分写了什么内容"，以及它们之间的关系形成一个系统性的理解。

在掌握了书的整体面貌及结构之后，我们就可以针对自身的问题对图书内容进行选择或取舍。

比如，你"计划两周后在 YouTube 上进行直播，但是什么样的内容才能吸引更多的观众，继而增加频道的粉丝数呢……"，明确这样的问题意识后，就可以将上面列举的《让网红视频和直播必火的手法》这本书的目录做如下拆分。

"由于已对该领域的背景和定义有所了解，所以可以略过前言和第一章的部分。"

"想了解的是技术方面的内容，因此优先阅读第二、三章。"

"第四、五章是有关后续阶段的内容，所以可以放到最后再读。"

标注标签在这种梳理阅读关键点的工作中非常有效。我们将在"步骤 2：提取书中精华"中具体介绍其详细内容。

步骤2：
提取书中精华

 通过筛选确定需要阅读的部分

下面，我们就来介绍一下步骤2：提取书中精华。

在步骤1中了解了背景信息之后，到了这个阶段，我们就要对有需要的章节进行粗略浏览。所谓"筛选"，**就是通过对包括目录在内的书中信息进行粗略挑选，明确需要读哪些部分**。

在筛选的过程中，应留意下面几点：

"内容是否为作者基于其强项或擅长领域总结的观点？"

"内容是否包含充实的论据或个人经历？"

在筛选的过程中，应重点关注作者简介中提到的"作者擅长领域"以及符合"自身问题解决方案"的内容。若出现了这样的内容，我们就可以从文中挑选出来重点阅读。

假设我为了解决自己当众讲话紧张的问题而购买了一本相关书籍。如果该书作者简介中出现了"通过自我调整克服了怯场……"之类的描述，那么就可以从介绍克服怯场方法的章节开始阅读。

经过粗略浏览，如果书中确实存在能够帮助我们解决自身问题的方法，那么我们就选对了书。这时，可以用彩笔把相应的标题或内容标注出来，因为在后面精读的时候，很可能会从中发现有关解决自身问题的重要知识或技能。到时一定要仔细阅读，不漏掉一字一句。

接下来，就是精读这些做过标记的部分。在这个过程中，需要注意以下两点：

- **边推测边读**；
- **聚焦于自己不具备的知识内容上**。

首先，是**边推测边读**。也就是先推测一下"该书会写到哪些内容"，或"该书应该能帮我解决什么困难"。这样便于我们更顺畅地理解书中的内容，实际上也更有助于记忆。

其次，就是**优先吸收自身缺乏的那些知识**，因为我们已经了解的信息无法给实际生活带来改变。

在刚开始经营公司时，我需要处理财务结算问题。但由于那时的自己没有任何与经营公司相关的工作经验，完全看不懂财务人员发来的财务报表。于是，为了能搞明白三种财务表格（资产负债表、利润表、现金流量表）的意思，我买来了《财务三表一体理解法（修订版）》（国贞克则著，朝日新闻出版）一书。

我认为，利润应该是公司经营中最被重视的因素，并据此推测财务三表应该以利润的绝对值为基础而相互联系。于是，我仔细阅读了该书第二章关于"理解财务三表之间联系"的部分。果然，在这部分内容中，作者通过利润的绝对值解释了财务三表之间的五种联系，之前的推测让我非常顺畅地理解了这部分内容。

当然，我们也会有推测不准确的情况，不过，那也没关系。

有些内容会让人感叹道："跟我推测的一样！""这个我知道！"但比起这些内容，反而是去关注和吸收自己无法推测的那些东西时，我们更有可能找到解决实际问题的捷径。

"我原以为会得出这样的结论，但最后和我想的完全不一样！作者到底运用了什么样的方法呢？"——若我们能在这样的思考中推进阅读，便可以优先获取到自己不曾涉猎的那些知识。

○ 《财务三表一体理解法（修订版）》：
书中不仅介绍了有关财务三表（资产负债表、利润表、现金流量表）的基础知识，还用双联页的图示详细说明了这三种表格之间的关系，并代入具体数据进行分析，非常适合会计初学者阅读。

我曾为了找到一种能激发创意的记忆法而读了《品味，源于知识》[⊖]（水野学著，朝日新闻出版）一书。

通过筛选目录后，我在"运用'品味'优化工作"一章看到了"三个能够增加知识的有效方法"这个小标题，感觉可以从这部分找到一些灵感。

在进行精读之前，我试着推测："虽然自己在考前复习时会想到一些高效背诵的方法，但在为了增加与工作或品味相关的知识时，是不是要'从自己最感兴趣的地方开始'呢？"……

但我在仔细阅读后才明白，自己的这种推测完全错误。该书所写的"三个步骤"其实是指"通过捷径来解决问题""了解现在流行的东西"，以及"思考是否存在'共通性'或'某种规则'"。

虽说自己当初的推测是错的，但也从中收获了以前不知道的全新信息。

如果我们把读书过程中的"问题意识"比作手冲咖啡的话，那么精读就是提取咖啡豆本身香气的一道工序。

センスは
知識から
はじまる

水野学

⊖《品味，源于知识》：
这是一本将品味逻辑化且浅显易懂的书，特推荐给所有认为"人的品味与生俱来""知识都在网络上，无需死记硬背"的人阅读。

如果我们能认真地筛选咖啡豆，就一定能够得到一杯味道浓郁的咖啡。

优先阅读"概要"和"图表"

虽说我们应该先筛选出确定需要的内容，再进行精读，但如果这时优先阅读两个要素的话，便能对内容的理解度更上一层楼。

这两个要素就是**概要**和**图表**。

首先就是概要。这种形式多见于商务类书籍中，比如，这类书的每个章节最后常常会有一个概要或总结。

这时就可以先读概要，再回到这章（或小节）的第一页开始阅读。

你可能会觉得这是一个偷奸耍滑的方法，不过，**我们先读概要，可以大大提高自己对该章节内容逻辑的理解。**

比如说，有一本鲜为人知的市场营销名著——《一天吸引 3 个月的客流量——垄断式市场营销——打造永远不愁客户的"超级卖方市场"七原则》[⊖]（Daniel Priestly 著，

⊖《**一天吸引3个月的客流量——垄断式市场营销——打造永远不愁客户的"超级卖方市场"七原则**》：
除了打造卖方市场的原则，书中还满载了具体的方法。日文译本通俗易读，强烈推荐营销人士阅读。

DIRECT 出版社）。该书包含的内容极其丰富，我们全部阅读可能有一定困难，但这本书每章最后都有一页总结。

我先看了这些章节的总结，只从中挑选出自己想深入挖掘的部分，然后回到章节正文进行详细阅读。就这样，我大概只用了 15 分钟就读完了这本 200 多页的书。

如果你正读的书没有概要，就到正文中寻找那些归纳总结性的语句。

具体来说，就是去关注"也就是说""总而言之"之类的词语，因为我们常常能在这些词语后面找到结论。仔细阅读这些结论，有助于我们更好地理解作者的观点。

除了"也就是说""总而言之"，我们还要注意用于列举的词语。比如，"第一……，第二……""首先……，其次……"。这些句式将有助于我们在脑海中对知识进行梳理。

此外，如果有一些对概念的图解插图，也可以先仔细看一看，因为插图相当于另一种形式的概要和总结。

如果我们能像这样对概要部分进行精读，就能够在第一时间对全书内容进行全面的把握。

第二个要素是图表。

如果出现了图表，就要先判断这个图表中的数据是只有作者才能获得的稀缺数据，还是一般性的数据。这类图表大多会标明引用出处，因此比较容易进行判断。

如果是稀缺数据，就一定具有阅读的价值，一定要仔细确认。对理科生来说，下面这些信息就属于极具稀缺性的数据，一定要马上查看。

- 只有该书的作者才能获得的资料（加工前的原始数据）；
- 需要经过复杂的分析或通过精密的软件进行分析的数据（加工后）。

如果是作者通过个人调查得到的独有数据，那么我们要调研这些数据及其收集方法（或加工方法）。

不过，数据越是稀有，我们就越难以辨别其真实性。所以，对于这类数据以及作者对其给出的释义和见解，我们都不应囫囵吞枣地全盘接纳。关于这方面，将在"步骤3：不盲信作者的见解"中详细讲解。

此外，如果书中的数据是广为人知或很容易获得的，那么数据本身就缺乏稀缺性，其价值也相对较低。在这种情况下，我们只需要去关注作者对于数据的分析和解释即可。

不期而遇的意外收获

有时，我们在通过筛选目录所涵盖阅读内容的过程中，会发现某些章节虽然与解决自身问题并不相关，但其中的信息却能够使自己受益匪浅。这时，请将它视作意外收获来仔细阅读。因为我们很有可能从中获得极具价值的信息。

下面列举一个我得到意外收获的真实例子。

当初为了能提高知识生产的水平，我曾整日冥思苦想如何才能提出更高精准度的假设。因此，我那时读了一本名为《从热点开始——知识生产的简单本质》[⊖]（安宅和人著，英治出版社出版）的书。

在查看过目录后，我自然去读了其中有关提出假设方法的章节。不过，我对第五章的"'消息驱动'——简单传授秘籍"颇为心动，也读了这一章的前半部分内容。

起初，我只是想学习在知识生产中提出假设的方法，但没想到还能够学到简单的传授技法，这无疑是个意外的收获。

⊖ 《从热点开始——知识生产的简单本质》：

这是一本所有商业人士都值得一读的名著，如果想掌握关于尚未超越人类的AI这一"热点"的思考思路和方法，这本书足以解决我们的问题。若说这本书早晚会影响你的人生，这句话一点也不为过。

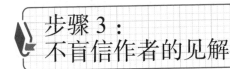

步骤3：
不盲信作者的见解

 对作者的观点保持怀疑

步骤3说的是"不盲信作者的见解"。

步骤2主要是对书中内容进行筛选，提取出精华，然后仔细阅读其中与解决自身问题相关的部分。而到了步骤3，我们就要试着对读过的内容提出质疑。

为什么要质疑？当然，这并不是说作者的话不可信，只是理科生通常习惯于确认书本上的信息是否为客观事实，是否有科学根，逻辑上有无错误，亦或是否出于作者主观立场的自说自话。

况且，不管是什么样的方法，也都只是"在作者所处的境况下应用于实践时发挥了作用"而已，可对读者来说，这个可能不会产生完全同样的效果。

如果我们对书里提到的方法等信息照单全收，直接进入实践阶段的话，将大大增加遭遇无谓失败的可能性。

因此，我们非常有必要对筛选出的信息进行严谨而仔细的确认。

仔细检查这些信息时，我们要用到"批判性思维"。

所谓批判性思维，是指一种"不盲目相信他人观点，经仔细斟酌后再进行评价的方法论"（《对科学技术的深入思考——批判性思维的练习手册》[⊖]，伊势田哲治、户田和久、调麻佐志、村上祐子编，名古屋大学出版社出版）。用批判性思维去读论文或书籍的方式又称为批判性阅读。对科学工作者来说，这种批判性阅读已经成为一种必备的技能。

在进行"批判性阅读"时，首先要对信息进行如下分类：

- 作者的观点（见解）；
- 逻辑性（连接观点和论据的理论）；
- 论据（理由和事实）。

然后，在阅读过程中，我们应时时抱着"真的是这样吗""为什么这样说"的疑问。

⊖ 《对科学技术的深入思考——批判性思维的练习手册》：

本书包含一些具体的例题和习题，以求让读者能够快速掌握批判性思维所必需的基础知识和技巧。由于其中全都是与科学技术有关的例题，对一些在科学方面不擅长的读者来说，还能同时补充相关基础知识，可以达到一举两得的效果。

也就是用一种抓住事物本质的思维方式去读书。如：

"虽然写得像是事实，但这实际上会不会只是作者的臆想？"

"观点与论据是不是没有关系？"

举例来说，如果一篇文章中没有明示哪些是事实，哪些是作者观点，或者二者混淆不清，使读者无法做出判断的话，那么就不能简单地全盘接受这篇文章。

关注作者的"逻辑性"

在关注作者的观点的同时，也要关注其是否建立在正确的理论之上，即我们应对其中的逻辑多加留意。

也有不少文章只通过某一现象就牵强带入因果关系，比如"这样做就导致了那个结果"，以及"在这种情况下，投资这类企业就赚取到了那么多利润"等，这像是在描述一种可适用于所有情况的准则。

因此，我们在读取信息时，对于文章的逻辑性，需要注意其中的因果关系是否正确，或有没有因过度解释而夸大表述。

书本的内容一般都是基于作者自己知晓的一些事实而写成的。虽说我们很难确定其真实性，但也没有必要对所有内容都加以怀疑。

因为很多时候我们也可以从事实本身获取信息或得到启发。

但重要的是，我们**明白的事实仅仅是事实，应该关注其论据与作者见解之间的联系是否恰当**。

 怀疑作者的"论据"

对于支撑作者观点的"论据"，我们也要用怀疑的眼光进行审视。

因为如果作者引用了出处不明确的信息，或基于陈旧信息进行了推导，亦或对信息进行了任意修改的话，也会导致他在论据不严谨的情况下展开论点。

我们需要特别留意以下内容。

信息的出处及其发表时间

- 信息引用自哪里（是否标注了引用源）？
- 是原始信息还是二次加工信息？
- "发表时间"是什么时候？

数字和单位的组合

- 是否为了让数字看起来更大而改变其单位（例如将 1g 写成 1000mg 等）？

- 有没有为了误导读者而变换单位 [如放射性活度单位 Bq（贝可）和辐射剂量单位 Sv（希沃特）等] ？
- 为什么用百分数代替绝对值作为表述方式？

图表的形状

- 为什么不用能表示时间经过和绝对值的折线图，而代之以饼图？
- 为什么用两条轴线来画图表？
- 图表的刻度大小是否恰当？

引用源的出处

- 源自一个怎样的调查？是什么机构主导的？
- 该信息是否被发布方允许引用？内容是否可信？

引用源的文献

- 文献的作者是什么领域的专家？该作者还发表了哪些著作？
- 相关文献是否被允许引用？内容是否可信？

　　若你在精读时保持这种怀疑的态度，就会发现一些真实性存疑的出处或与之相关的信息。不过，如果我们每次在遇到这种情况时都要停下来逐个调查的话，效率就太低了。

我们可以在读完相关内容以后，再将所有不明确的地方一起进行确认。

在确立假设时只需参考浓缩提取的信息

前面我们详述了"步骤1：理解图书脉络""步骤2：提取书中精华"和"步骤3：不盲信作者的见解"。

经过这些步骤之后，你应该已经围绕自身问题对书本内容进行了大幅度的精炼，并已从中提取出了精华。

如果把这个过程比作一个化学实验的话，那么步骤1~3就相当于"提纯"的操作。

如果物质中含有杂质，那么我们在用这些物质做化学实验时就会产生非期待的化学反应，从而导致实验失败。因此，将实验物质提纯的工序是必不可少的。这个过程在化学实验中称为"精制"。

而读书也是一样的道理，如果我们想将书本中的知识转化为自己的智慧，或者有效利用书中推荐的方法，就需要经过"精制"信息这一步骤。而这就是步骤1~3的目的。

那些经过前三步的严格筛选之后，仍然让人"想实践一下"的信息，就可以进入下面的"步骤4：基于可用信息提出假设"了。

　　首先针对即将进入步骤4的信息做好标记。我会在所在的那一页上方或下方折角。下方折角代表近期将实践的内容，上方折角则代表中远期将要实践的内容。后者可以先放一放，以后会实践到它们。将上方折角的书页内容读完之后，可以将这些页面贴上醒目的便笺条。

　　其中的要点就是，**在标记时，我们应有意识地区分"近期"和"中远期"的"实践"时间线**。简单标记即可，可以尝试用你自己的方式去画出时间线。

步骤4：
基于可用信息提出假设

在阅读中产生与成果直接相关的想法的唯一条件

如果还拿做饭来打比方，这就相当于准备食材的最后一步。

在这一步，我们需要提出一个假设，以便能充分利用从书本中筛选出的信息进行"实践"。虽说是要提出假设，但也不需要太过一本正经。你完全可以认为这就是"简单地提出想法"。

那么，如果想运用书中的信息来提出想法，该做些什么么？如何去做呢？那就是<u>将自身的知识或经验与书中的内容结合起来，只有这一个条件</u>。

美国实业家詹姆斯·韦伯·扬（James Webb Young）在其畅销书《制造创意的方法》[⊖]（今井茂雄译，CCCme-

⊖ 《制造创意的方法》：
虽然全书只有100页，内容却十分精彩，堪称名著中的名著，被很多创作者和作家推荐，说它是创意类书籍的鼻祖也不足为过，越早阅读，受益越多。

diahouse 出版）中写道：

"所谓创意，无非就是既有因素的全新排列组合。"

"广告创意源自两类知识的重新组合——与产品和消费者有关的特殊知识，以及关于人生与社会种种事件的一般知识。"

让我们试着把他的观点稍作转换，看看会出现什么结果。

"与产品和消费者有关的特殊知识"，相当于"在书本中精读的内容（来自作者的信息）"；

"一般知识"，相当于"读者自身的知识"。

于是，我们可以得出这样一个结论——<u>**创意 = 自己的知识 ×（自身不具备的）书本中的信息**</u>。

这与科学研究中的化学反应如出一辙。理科生非常喜欢思考"如果混合 A、B 两种试剂，会发生什么"这样的问题，也经常会通过实验去验证一下。

读书也一样，若将两种不同的因素组合在一起，应该可以在大脑中引发一种新的化学反应。所以，一定要多多尝试在大脑里进行这种化学实验。

<u>**书本内容属于任何人都能获得的一般信息，但由其产生的假设或创意则是我们所独有的。**</u>

即便自己的想法不是那种能引起社会变革的伟大创意，但它也是弥足珍贵的。

"如果我试着运用这本书里的知识去改善自己的工作状态，或许能够提高工作效率吧？"——即便是这样一个简单的想法，也是非常有价值的。

所以，如果脑海中出现了一个难得的想法，一定要把它记住。为此，就必须**立刻在书的空白处将自己的见解或待办事项等记录下来**。因为这些假设或想法会转瞬即逝。

因此，当我们在读书时，如果脑中浮现出某种假设或想法时，就将它们原原本本地记在书页空白处，并且不断积累起来。

如果不愿意写在书上，也可以用手机将书页拍下来，然后在这张照片中加入文字。

比如，我在读《什么是客户成功——日本企业所需的"未来与客户的互动方式"》⊖（Hiroko Razavi 著，英治出版社出版）的时候，选出了"成功的要素 3：不能放弃或不能脱离的产品"这个章节，认为它具有很强的可靠性和可复制性。将书中的知识与我自身具备的培训开发技巧结合起来，我构思了一个关于培训业务的想法，就是"在最

⊖ 《什么是客户成功——日本企业所需的"未来与客户的互动方式"》：
这是一本适合零基础学习"客户成功"的书籍。书中介绍了很多从事与制造业、服务业和数字技术相关的内容产业的人都用得上的思维方式。强烈推荐有兴趣的读者尽早阅读。

初的项目设计阶段，就准备好一个在消费者购买商品（培训项目）之后会产生需求的产品"。于是，我把这个想法记了下来。

实际上，我当时的这个想法在自己后来思考培训项目的过程中起到了非常大的作用。"若改变单一产品模式，设计出一种能让学员持续上课的综合项目，应该可以增加销售业绩吧？"——通过提出这个假设，我大大提高了实践阶段的成功概率，即"开发出能在培训业务中取得成果的项目"。

此外，也有将假设或创意誊写到笔记本中的方式，但我不推荐这样做。因为这样一来，信息就会分散到书和笔记本两个地方。没有笔记本，我们就无法将自己的想法记下来；只有准备好笔记本，才能读书。这样一来，我们就会失去很多的读书机会。

如果我们将书中可靠性和可复制性强的信息与自身的知识或经验相结合，以"实践"为目的提出假设或想法，就可以创造出无限的可能性。这样做，我们将会大大提升第 3 章将要讲述的"验证实验"的成功概率。

尝试理科思维读书法中的"阅读"

如果运用理科思维读书法中的各"阅读"步骤去试读本书第 23 页提到的《广告文案——触动心弦的话术》这本书，则应该是下面这个样子的。

 步骤 1：理解图书脉络

首先，确认元数据。

▸ **出版时间**
- 译本：2008 年 9 月 19 日
- 原著：1932 年

▸ **关于作者**
- 作者约翰·卡普莱斯在广告业发达的美国辛苦打拼了 58 年，是一位颇具传奇色彩的广告撰稿人。并且，他当时正努力推广"科学性广告"。我推测其具有较高的可复制性。
- 由文案界著名的神田昌典先生进行监译。他曾在美国获得工商管理硕士学位，我推测其对英语文献也很擅长。因此，此译本的可靠性较高。

▶ 目录

步骤 2：提取书中精华

我自己在文案制作方面完全是个门外汉，这本书又是翻译过来的，所以感觉相关的背景知识是必不可少的。而且，由于必须在一周之内完成一个介绍性文案，我还需要预留出练习的时间。所以，我想优先筛选出一些能够马上套用的"类型"或可以即学即用的技巧。

最终，我从书中提取出以下精华。

前言：科学性广告的背景知识。

第五章"35 个标题类型——效果经验证"：全篇（提取有关标题写作方法的内容）。

第九章"文稿开头这样写"：从《读者文摘》中学到的六个类型（提取有关开头写作方法的内容）。

第十章"有效文稿这样写"：13 类推荐文稿（提取有关文稿写作原则的内容）。

第十一章"提升文稿推销效果 20 法"：全篇（提取有关文稿写作原则的内容）。

对于其他章节，我只读了"总结"部分。

 步骤 3：不盲信作者的见解

接着，从整体的视角出发，判断一下书中介绍的方法是否可为我所用。

- 关于有效案例（所有精读的部分）：在销售类似培训班课程那种无形的商品时，需要多多注意。具体来说，我认为由于宣传手册中没有照片，文案中最好保留一定程度的视觉信息作为参考。

- 关于有效案例（第15页等）：我产生了这样的疑问——也许不应只通过简单地替换其中一些词语的方式照搬成功案例的文案？比如，这本书开头部分介绍的："我在钢琴前坐下时，大家都笑了。但当我开始弹奏……"如果将这个文稿简单地改写成"我要听这个讲座时，大家都笑了。但当我开始听课……"的话，就会让人感觉有些奇怪。我推测，这可能源于英语的语法（语序等）和日语有所区别，从而使语感出现了细微的差别。

- 关于推荐的类型（第114～117页）：虽然书中介绍了"与价格相关的标题——五种类型"，但我怀疑由于升学讲座的学费都是一样的，就算以此为卖点，吸引力也不会太大。我认为，只想从考生口袋里赚钱的文案反而会引起人们的反感。

步骤4：基于可用信息提出假设

最后，就是总结哪些信息可以进入下一个步骤进行"实践"。

- 由第15页的"我在钢琴前坐下时，大家都笑了。但当我开始弹奏……"提出假设——在这个成功案例中，用直接引语首先击中潜在客户（考生）的自卑感或内在需求，之后只要将可预见的积极变化写出来就可以了。

- 在第 160 页"'新信息'式标题——八种类型"中，我认为"标题要从'新'出发"的类型值得借鉴：我对这个类型进行整理后，想到用"最新试题"或"最新入学考试"当作培训的题目或标题。
- 通过第 245 页"形成具体文案"中的信息，我提出一个假设，在文案中加入可能是学生痛点的与考试相关的具体题目（蒸汽压、汞柱、渗透压、平衡、天然有机物的结构）。

可以说，我在这本书中学到一些具有很高通用性和可复制性的技巧，因为其中的文案技巧（介绍内容的技巧）也可以有效应用于"谈话"中。我不仅可以掌握像宣传文案一样讲话的"话术"，还能把它们应用在《理科思维读书法》中推荐的书籍宣传稿中。

| 总结 |

进入超合理化循环模式前应具备技能力
——"阅读理解力"所必需的三种能力
▶ 1 词汇能力——理解词语意思的能力。
▶ 2 句法能力——理解句意的能力。
▶ 3 上下文关系能力——理解文章前后的关联性以及事物的条理及其背景信息的能力。

步骤 1：理解图书脉络——查阅"元数据"
▶ "出版时间"——了解时代背景。
▶ "作者简介"——了解作者擅长的领域。
▶ "目录"——理解全书"整体"与"局部"之间的关系，使用标签。

步骤 2：提取书中精华
——只选出需要被"筛选"阅读的信息
▶ 精读的两个诀窍：
  ①边推测边读；
  ②聚焦于自己不具备的知识内容上。
▶ 筛选时的优先事项——"概要"和"图表"；
▶ 起到概要作用的语句——"总而言之""也就是说""首先……，其次……""第一……，第二……"等。

步骤 3：不盲信作者的见解
——充分运用批判性思维
▶对三方面内容保持怀疑态度
  ①作者的观点（见解）；
  ②逻辑（连接观点和论据的理论）；
  ③论据（理由或事实——"信息的出处及其发表时间""数字和单位的组合""图表的形状""引用源的出处及文献"）。
▶只有经过筛选提纯后的信息，才能进入步骤 4。

步骤 4：基于可用信息提出假设
——提出假设并进行验证
▶ 通过读书形成一个有效创意的条件——将"自身的知识和经验"与"书本的内容"相结合。
▶ 想通过实践去验证的假设 =（自身不具备的）书本中的信息 × 自己的知识。

第3章

能立刻增加三倍知识与技能的读书实践

只有在亲身体验中获得的"经验"，才能成为最有效的学习素材

应通过"实践"将从书中提取的信息内化成自己的知识

在第 3 章，我们将就超合理化循环模式（阅读—实践—检验）中的"实践"进行介绍。

所谓"实践"，就是尝试把从书中提取出来的信息应用到实际中，以加深对其的理解，并将其吸收、内化的过程。

我们不仅仅是简单的"尝试"，而是要将书本知识结合自身实际情况，形成适合自己的法则或规律，并能将其应用于各种各样的场景中。

理科生大都喜欢"规律""规则"或"模板"。他们思考问题时，总是想把学过的公式应用到各种问题或场景中。

我也是他们中的一员，会在各种各样的场景中运用从书本中学到的信息，并使其发挥杠杆作用。

实际上，有不少能将书中信息运用到多个场景中的实例。

超合理化循环模式的"实践"

通过验证实验，确认书中信息是否对自己有用，从而加深自己对书本内容的理解。

就拿曾任国立民族学博物馆（日本）的首任馆长、京都大学名誉教授的梅棹忠夫先生的著作——《智识的生产技术》⊖来说吧。

在研究生物物理学方面，我只能算个小学生，完全不清楚该如何去学习，以及学习什么样的技术。当时，我一度认为，作为学生去"学习"，与作为学者去"搞研究"，是一个相同的智识生产过程，并且在短时间内都没能意识

⊖《智识的生产技术》：

这是与《信息的文明学》齐名的著作。智识的生产技术皆源于此。书中凝聚了被称为天才的梅棹先生的大量智识生产技术，读者能够从中得到提升，非常值得一读，我也推荐高中生或大学生阅读这本书。

到这两者实际上是完全不同的。

但是，在读过这本书之后，我把其中的"探究未知事物的智识生产技术"改写为"创造新事物所必须的技术"。

经过调整之后，这句话的技术通用性更强，不仅是学生时代，就连我们进入社会成为创业者后从事内容产业时，也能够从中得到很大的帮助。

创业与从事研究有一个共同点，它们都是"去探究一个尚未出现的事物"。我为了进行研究而从《智识的生产技术》中学到一些技术，它们在我创业后的人生中也得到广泛的应用。

 作为某种法则或规律熟练运用

如果我们能把书中的信息应用到各种各样的场景中，
便可发挥其杠杆作用，使其效果倍增。

　　我将书中的知识转变为适合自身的法则或规律，并将其应用于各种各样的场景，便可以形成新的知识体系。这就相当于给信息加了一个杠杆效果。

 ## 重视"实践"，而非读完了事

　　我曾读过一本有关写作方法的书，将其中的技巧转变成适合自己的方法后，通过举一反三，它们曾让我在十多种不同的场景中游刃有余。

　　在补习学校当讲师时，我开通了自己的博客，目的是发布一些对考生学习有益或能够激励考生的信息。

　　但是，在开通博客后不久，我就碰了壁。我经常坐在电脑前一个字也打不出来，写作成了一件非常痛苦的事。

　　我本来想，身为一名以"讲话"为专业的讲师，写作对我来说也不应该是件难事啊。但事实并非像我想的那样。我这才意识到自己并没有写作才能，并曾因此而感到失落。

　　前面我也介绍了将文案写作类书籍运用到工作中的实例，但文案的文本始终是服务于销售的，长度也比较短。对于网络报道或博客文章这类非营销目的的长文写作来说，文案技巧就基本派不上用场了。

　　于是，为了学习写作方法，我读了《6分钟写作——

表达想法的教科书》[⊝]（中野巧著，钻石出版社）。

根据书中介绍的写作方法，我明白了不能一上来就提笔开始写文章，而是要先把整体的条理和各部分内容写入七个格子中，提前整理出文章的整体结构，再开始写具体内容。

这对专业作家来说也许是个最基本的方法，但对于当时的我来说绝对是一个让人茅塞顿开、具有划时代意义的技巧。

当时我干劲十足地认为："有了这个方法，我也可以成为写作高手。"但是，当我实际写作时，却发现写作并没有那么简单。

于是，我开始尝试着一条一条地写博客消息，写了十几条博客内容后，才感觉自己终于掌握了书中提到的技巧。

从此之后，我便无需过多思考就能顺畅地写作，后来再也不觉得写文章是件难事了。

⊝ 《6分钟写作——表达想法的教科书》：

书中包含丰富的插图和图解，而且是彩色的，其流行程度远超一本写作方法类书籍所该有的程度，我在看这本书时没有"读"的感觉，而是在"愉快地欣赏"。你只要简单地填满七个格子，就能轻松确定一篇文章结构的构思图表，这是其中一项非常了不起的发明。

实际上，以前我也读过关于如何写文章的书，但只是大致理解了书中内容，虽然自己觉得"懂了"，实际上我并没有真正掌握写作技巧。

通过这件事，我才真正体会到，**"懂了"和"实践"之间，以及"实践"和"掌握"之间，都存在相当大的鸿沟。**

对于从书中提取出的信息，如果我们不经过"实践"，就无法真正掌握它们。从尝试到掌握的过程，能够加深我们对信息的理解程度。

正因如此，对于书来说，如果只是读完就结束的话，那将是一种莫大的浪费。只有通过"实践"的经验，我们才能给现实世界带来持续的改变。

把要用于实践的信息变为特有的武器

 整理保存创意和假设

第 2 章的"步骤 4：基于可用信息提出假设"中提到了这种做法——提取出想要用于实践的信息，并在书页空白处记下自己的想法。

若你想把书中的信息实实在在地吸收、内化，就需要将其转化成能为自己所用的形式，而不是原样照搬。这样，它就能变成你所特有的武器。

然后，你还可以将它们做成资料保存下来。电子版的资料不仅方便你调取和修改，还可以随意进行组合。

当你将这些想法记录到 Evernote（印象笔记）、Microsoft OneNote 或 Google Keep 等云服务的记事 App 中，便可以随时用手机、平板电脑或笔记本电脑等终端调取查看或进行修改。

过去我们常用笔记本或记事本记录资料，但随着资料数量的增加，本子越来越多，某天需要查找资料，却又常常记不清哪本书的笔记被记录在哪个笔记本里。如果记录的是电子资料，想查找时，便可以立刻检索出来，如果把资料保存在云端，还能够避免资料丢失。

我设置了一个专门用来保存信息的表格，可以把从书本中提取出来的信息都集中保存到里面。

保存信息时，先输入书名、作者和日期（记录时间）。

然后在下面记录相关信息或自己的假设。左边是"原文相关内容"，也就是从书中提取出的信息，在其中输入相应的页码和引用的原文。如果将来可能在博客或其他地方引用相关内容的话，一定要保证所引用的内容与原文完全一致。右边是个人对相关内容的见解，可以记录自己意识到的问题、由此想到的想法、适用的场景、反对意见、疑点或计划等。

如果引用的部分过长，或想保存图表的话，也可以用手机将相关内容拍照后直接粘贴在表格中。

由于我工作中经常会引用这些内容，把它们用于编写企划书或作为论据，所以会把它们以原文文本形式保存。

将读书时收获的信息集中保存

▶ 书写方法

书名、 作者、 日期（记录时间）	
（原文相关内容）	（个人见解）（→成果）

▶ 例

《一流的睡眠》， 裴英洙， 2020年4月30日	
P103： 战略性午睡的总时长不要超过25分钟。 睡眠超过20分钟以后， 大脑会切换到熟睡模式， 醒来后也可能会长时间持续地感到困倦。	之前一直认为小睡的时间越长越好，睡了1~1.5小时后，工作效率反而降低了，今后需要缩短午睡时间。 →小睡后，处理案头工作时，变得注意力更集中。同样的工作只需之前3/4或1/2的时间就能完成。

《什么是客户成功——日本企业所需的"未来与客户互动的方式"》， Hiroko Razavi，2020年2月16日	
P132： 成功的要素3： 不能放弃或不能脱离的产品。	在最初项目设计阶段， 就准备好一个在消费者购买商品（培训项目）之后会产生需求的产品。 →2020年5月成功签下订单。

《"商业计划书"的制作方法》， 原尚美， 2020年6月7日	
P18、 P20：用于会议的商业计划书模板。	尝试直接应用模板。 →之前已经筹备了数日的新商业计划书，只用了3个小时便编写完成了。

《"经验知识"的传授技术》， 多萝西·伦纳德， 沃尔特·苏尔普， 2020年1月20日	
P15： 一个团体中总会有这样一些人， 他们在头脑中或手中不断积累着直觉、 判断力或知识（看得见的或看不见的）。 这些行家所具备的知识正是深度智能。	将此页末尾的"知识"替换成学识也许会更好。 揣摩原文。 →调查完成。
P25： 图1-2知识在深度智能的培养、 转移中发挥的作用。	尝试对应SECI模型（野种郁次郎）。 →SECI模型的原理更加严谨。 而这个模型则更具通用性。

此外，**只需要将自己以后想通过"实践"去尝试的信**息记录到表格中即可，而不用把所有精读内容全都抄写到表格中保存下来。

需要再次强调的是，**在理科思维读书法中，重要的不是**"读"，而是通过把书本信息应用于实践，从而实实在在地**将其吸收、内化**。因此，整理信息的过程应尽可能地简单化。

另外，我会在"个人见解"一栏的末尾记下"2020年5月成功签下订单""调查完成"等字样。这些是将书中信息或自己的假设进行实际应用后的成果记录，我将在第四章详细解说这部分内容。

你应该认真总结自己从整理过的信息中得到哪些收获，并将它们详细记录下来。这样，你就可以看自己是否解决了实际问题。

获得自己独有的创意宝库

我的记忆力不是很好，对于某本书，如果只读一遍的话，很容易忘记其中的内容。而且，说出来都有些难为情，如果不经过实践，即便是反复阅读，我也会马上忘掉自己看过的内容。同时，我也会从书本以外的其他渠道源源不断地获取新信息，于是在书中读过的内容就会不断地被新信息覆盖。

我在读书方面倾注了宝贵的时间和金钱，但是，如果我在没真正消化其中有价值的信息就把它忘掉的话，那就太可惜了。因此，我会仔细消化学到的知识，并将它们整理成可以实际应用的形式记录下来。如果最后没能掌握这些知识，我就无法用它们给实际生活带来任何改变。因此，我需要在真正掌握这些信息之前，用适当的方式将它们保存下来。

如果我们能将信息整理好，并做成资料保存下来，那么需要应用时，它们便可以成为我们独有的指导手册。

提取书中的信息，并将它们总结到表格中整理成册，这就是我所独有的创意宝库。无论是看书，还是在网上检索，都看不到这些信息。因此，它们具有非常大的价值。

在读书前后，独有的想法能给自己带来巨大的变化。所以，请大家一定要试着用一下这个表格整理法。

为什么理科生注重"演练"？

理科生都是现实主义者，他们只相信亲眼看到的东西

人们似乎认为理科生只相信符合逻辑和机制的事物。不过，比起逻辑和机制，他们更加重视另一样东西，那就是自己亲眼看到的"事实"。

不管作者在书本或论文中所写的理论看上去有多么了不起，理科生都不会照单全收。因为虽然论文的内容对作者来说是事实，但对读者来说，它们并不是真实发生的事实。

这个理论是否正确？在现实中是否可行？有没有可复制性……他们通常会先思考这些问题，然后一边嘟囔着"这是真的吗？让我来试试看"，一边开始做起了实验。

对于一些仅靠读论文很难让自己认同的理论，他们也会亲自通过实验来验证。如果实验结果与论文中的观点一致，他们才会认为这些理论是对的。

不过，也不只是理科生，难道我们不都是这样的吗？

你应该有过这样的经历："对一个不懂得其背后原理的事物有过怀疑，经过实际尝试后，才理解并接受它。"

不管你能否理解和接受，**要想快速吸收知识，实际体验都是最快的捷径**。

对于存在的问题，为了能尽快找到自己认可的解答，先付诸实践是唯一合理的选择。

即便在读过一本书后，你"无法接受作者的观点"，也没关系。而假如感觉"虽然不认可其观点，但好像能解决问题"的话，就一定要去实际验证一下。

用理科思维读书法去读一本书，需要 15～30 分钟。一本书的价格约为 1500 日元。在读书时，"不管怎样，要得到与投入的时间和金钱相称的结果"，拥有这种贪婪的心态很重要。

读书，并从中提取出能解决现实问题的必要信息，进而付诸行动，最终必定会有所收获，或大或小而已。

刚刚进入社会时，我的收入还不多，除了满足吃饭等基本生活开销，其余工资全都用来买书以充实自己。

"这本价值 1500 日元的书可以换 15 碗拉面。既然我以少吃 15 次拉面为代价买了书，如果不能从中学到些什么，就太浪费了！"抱着这样的想法，我拼命想从书本中获取更多能解决现实问题的方法。

在节衣缩食的日子里，大量的阅读使我的生活发生了改变。两年后，我的年收入就超过 1000 万日元。几年之后，又达到 1800 万日元。

　　我的这一切都得益于理科思维读书法中的"实践"。所以，我建议你一定要以这种"不试一试就太可惜了"的心态来读书，之后就去充分享受从读书中收获的快乐吧。

不经历失败，就无法真正理解——尽早进行小演练

失败中必定有所斩获

当我们要尝试去解决某个问题时，脑海中一定会闪过"失败"这个词。

"失败了怎么办？"

"如果失败了，就白白浪费了时间和金钱……"

此时，我们心中会不时出现这些不安的情绪。

而理科的思维方式可以把这些担心一扫而光。

大多数理科生都不怕失败。这是因为他们在实验中遇到的失败要远远多于成功。

即使在充分理解理论的前提下，经过认真仔细的准备，并严格按照程序进行的实验，也有可能由于种种原因而失败。

这里主要指的并不是证明已存在理论的实验，而是以发现尚未明确的原理为目的的实验。这种日常的实验大多都是以失败告终。

实际上，长期在这种经历中磨练出来的理科生对失败

具有很强的免疫力。

他们能在失败中表现出很强的韧性（复原力），所以不会轻易因失败而感到气馁。

在气馁之前，他们会先习惯性地开始分析："为什么会失败？""哪里出了问题？"。

而像"害怕失败""要是失败的话就不去挑战了"这类想法，早已被他们抛到脑后了。

取而代之的是强烈的念头："不尝试一下就什么也不知道。""如果失败，至少能确定一些事情。""从小小的失败中探索通往成功之路。"

如果一个人能以这种心态来面对困难，就不再会害怕失败了。

重复实践，提高准确度

如果你对将要进行的实验能否成功，其理论和方法是否正确等问题还没有足够的信心，该怎么办呢？

在"不清楚"的状态下进行"实验（实践）"，的确会让人感到不安。然而，与之相比，若情况"一直不清楚"，则更会让理科生抓狂。

如果失败了，我们可以把从中总结出来的经验运用到下一次实验中，还能得到一次思考失败原因和改进方法的

机会。

而且，亲身体验的记忆最为深刻。一个人就算读再多的书或论文，其中的知识也不能变成自己的"经验"。当我们从书中找到一些需要实践的知识，并确立假设之后，即使会失败，也要把重点放到实践上去。

当然，我们需要避免出现重大失败（比如，化学实验中的爆炸等）。但对于小的失败，要将它看作通往成功的必经之路，并欣然接受。因为"通往成功的路"都是由一次又一次的溃败积累起来的。其实，每次失败的经验都有助于提高下次"尝试"的成功率。

这并不是说要在"演练"时争取一次成功，而是说在实践中出现些许失误的状态是再正常不过的事。因为失败的经验可以修正实践的方向，演练的次数越多，成功率也就越高，我们从而能够缩短获得成功的时间。

所以说，要**尽早进行实践**。

我那位在职考上东京大学，并在哈佛大学的研究室工作过的指导老师常把下面几句话挂在嘴边，我听得耳朵都磨出茧子了。

"不能只读论文。不做实验，就无法进步。不用说那么多，先做实验吧。"

"即便你认真细致地做准备，也得不到任何成果。快去做实验吧，就算这次失败了，也无所谓。"

不只是我，所有做过实验的理科生们应该都对这些话深有体会吧。

我以前是个完美主义者，如果一件事的成功率不高，就不愿意去做。不过，在本科和研究生时期掌握了理科思维方式之后，我便放弃了完美主义。

虽然我们都希望书中的内容能够为自己所用，但若不经过实际尝试，就不能确定这些内容是否适合自己。所以，我们需要先去尝试一下。即使失败，这也是一种进步。

失败可以修正努力的方向。如果我们**尽早经历小的失败，便可以快速获得丰硕的成果**。

为什么要重视"尝试"的"频率"——"应用式"提升大脑输出功率

 用 5 倍于读书的时间去"尝试"

根据理科思维读书法，我读一本书大概需要 15 分钟，最长也不超过 30 分钟。因为我把注意力主要放在那些与自身问题有关联的部分，所以短时间内就能读完一本书。

那么，"尝试"需要花多少时间呢？

当然要比读书的时间长。

一般来说，阅读时间：尝试时间 =1 ∶ 5。

也就是说，我们应该用相当于阅读 5 倍的时间去进行"尝试"。

比如要读一本有关 PDCA 的书，我们用 15 分钟读了其中有关"PDCA 的验证及改善"部分。

而对于这部分内容，如果在读过之后只运用一次的话，我们就很难掌握其中的技巧，一般会因为记不住程序或抓不到改善要点而无法顺利进行。

但是，若我们继续进行尝试，通过两次、三次甚至更多次的实践，就会逐渐对这些内容变得得心应手起来。当我们掌握了相应的程序，就能自然而然地注意到该注意的地方，便能够顺利且快速地完成 PDCA 的验证及改善。

实践证明，如果我们用 5 倍于读书的时间进行"尝试"，则更易于完整地掌握其中的技巧。

反之，如果我们没有在"尝试"上花这么多时间的决心，就难以真正学到作者用心总结出来的经验和技术。

脑科学也已证明，实际尝试更有助于记忆，而不是仅读一遍就可以。

大脑属于输出依赖型，而且会将输出次数多的信息认定为"重要信息"。也就是说，它是**凭借输出次数的多少来判断这些信息对自身的重要程度**。

因此，在经过反复"尝试"后，信息的记忆稳定性会急剧提升。

对于大脑来说，比起"填鸭式"的大量读书，将书中信息在实际中进行尝试的方法（即"应用式"）能让自己更有效地掌握相关知识。

如果我们在"尝试"上花费的时间多于"阅读"，最终可以实现快速掌握书中的内容。阅读的时间越少，进行"尝试"的时间就越多。对于解决问题这个目的来说，这不失为一种合理的做法。

进行尝试的窍门是少量多次。做一次 100%，不如做十次 10%，所以频率很关键。

然而，针对某个问题，我们基本只会进行一次信息提取，并不是重复读很多遍就能使我们找出的信息变得更有价值。这跟泡茶是一样的道理，要尽量避免重复阅读与解决问题无关的部分。

我们**不应该通过重复阅读来加深记忆，而应该只读一次并提取出必要的信息，然后反复去"尝试"**。如果我们想以最快的速度掌握书中的内容，这是最快的途径。

寻求局部改变——"改变不足 1%"的原则

 把想掌握的信息数量精简到 1 个

需要注意的是，在"尝试"中，我们要逐个对提取出的信息进行实践。

如果我们把要在实际中应用的创意或希望证实的假设的数量精简到 1 个，则更容易成功。即便失败了，不但付出的成本低，也易于总结失败的原因。

比如，当我们读过一本有关沟通技巧的书之后，确定了"与初次见面的人建立信任关系"的实践题目。

而书中介绍了"优化第一印象的发音方法""微笑的方法""谈话中的视线""附和的技巧""推动对话的开放性问题若干例"等内容。

上述内容都很有吸引力，不禁让人跃跃欲试。但是，如果同时尝试多个自己并未掌握的知识或技巧，大脑和身体会产生混乱。

所以，不如一次设定一个目标，"这次先集中练习发音方法"。有时，即使只是一个"发音方法"的知识，也可能涉及非常广泛的内容。**在前面想到的那张读书专用表格中记录的内容里面，一次只专注练习其中一项即可。**

🧪 给当下的自己带来一点点改变

我们并不是希望通过"尝试"给自身带来多么大的改变。

"尝试"带给自己的感觉，就像是在自己之前已掌握的技术或已具备的知识的基础上，再加上一些调味料。改变的程度仅此而已。

若将这个程度量化，可以认为改变率"不足1%"。

请注意，这里的**实践目的归根结底是带来"局部改变"**。而这种局部改变不断叠加，便会出现"整体改变"。

在体育运动中，有效的训练方法也是先从局部练习开始，最后一点点扩大到全身练习。

拿足球来举例，首先要练习传球和带球等基本技术，然后逐渐进行高难度训练，当达到一定的水平之后，再尝试去参加比赛。

读书中的"尝试"也是同样的道理，这种从基础开始逐渐增加难度的方式更有助于我们掌握知识。

将目标细分，并通过反复练习掌握知识的方法，更容易让自己取得成功。这个方法在曾取得哈佛商学院 MBA

的美国资深教师道格·莱莫夫的著作《练习的力量——把事情做到更好的 42 条规则》[注]（道格·莱莫夫、艾丽卡·伍尔韦、凯蒂·叶兹著，依田卓巳译 [日语]，日本经济新闻出版社出版）中亦有阐述。

不过，我们有时也会遇到"缺少实践机会"的情况。

拿当众演讲来说，当你读了一本关于演讲的书之后，想要尝试其中的方法时，有可能发现一年只有一次能够实际演讲的机会。

而为了避免这种风险，在进行实践的时候，我只力求能产生不足 1% 的变化。因为如果这仅有的一次机会失败的话，有可能会给我带来无法承受的打击。

就算一年只有一次当众演讲的机会，我们还是可以创造只在两三个人面前演讲的机会，或者在空无一人的场所演讲并录像。总之，<u>只要动脑筋，就会有很多可以进行小规模实践的方法</u>。

⊖《练习的力量——把事情做到更好的42条规则》：
该书就如何做出成绩介绍了非常详尽的练习方法。从事教育工作的人自不必说，包括从事体育运动的人在内，所有希望通过训练来不断做出成绩的人都可以阅读本书。

对此，《实现复利增长的一个习惯》^一一书中亦有提及。即使只有 1%，也是可喜的改变。如果能按 3 天一次、一次 1% 的频度精进某项技能的话，那么一年之后，你将在这项技能上呈现出 3 倍的进步。

不断累加微小的改变，我们便能实现大踏步的成长。

一 《实现复利增长的一个习惯》：

詹姆斯·克莱尔著，牛原真弓译（日文），Panrolling出版。该书非常有逻辑性地介绍了习惯。可以说，对于希望通过改变行动而取得成果的人，有这一本书就足够了。书中的内容不只是个人的经验总结，还包含非常丰富的学术佐证，具有很强的可复制性。

用 1 分钟制订实验计划，快速掌握知识和技能

坚持"读完立即实践"

应先制订实验计划，再进行科学实验，这是一条铁律。如果我们能在"实践"书中知识之前，也先设定一个实践计划，则可以减少无谓的失败。

不过，虽然我们称之为实验计划，但也不需要将它想象得很难，**只要设定好目标和完成时间即可。**

我们可以将其记在前面提到的表格的空白部分或手机的记事本中，而做这件事仅需 1 分钟。

比如，当我们写下以下内容："这周，我要实践一下激发下属工作积极性的管理方法！首先试着发现并赞扬他们身上的优点，使他们更加上进！"然后加上日期，这样就设立了一个简单的目标。

拿我来说，我会在手机的主屏幕上做记录。以前我也曾把这些想法记在日程手册里的一周计划表中。但不管记在哪里，我都能有意识地经常去翻看，并进行实践。

让实践成功的诀窍，就是要在读完书的一周之内开始

实践。

这是因为，如果我们把读书和实践间隔太久，刚读完时那股强烈的热情就已渐渐冷却了。

最终，可能就连要实践这件事都忘记了。

有时候，我们还没来得及实践这本书的内容，就开始读另一本书，于是会产生新的实践计划。这样一来，读一本书所花费的时间就失去了意义。

所以，要严格遵守**"读完立即实践"**的原则。

在进行实践时，还有一个需要注意的问题，那就是在读书的超合理化循环模式中"实践"之后的"检验（评价）"环节。

一个人职场上的成败，大多取决于周围人的评价。因此，提高他人对自己的评价是非常重要的。如果得不到期待的评价，那么这个实践不做也罢。

我们要经常问问自己："这样做的话，能不能得到自己想要的评价呢？""自己到底想得到什么样的评价？"

让知识和技术快速转化为成果的诀窍

读书之后的"尝试"内容大体可分为"知识类"和"技术类"。

下面分别介绍一下这在各领域取得成果的窍门。

▶ **知识类：掌握知识**

如果想在读了知识类书籍之后做出成绩，就要在"使用"这些知识时跟自身拥有的知识结合起来。

如果想记住某个知识点，我**非常推荐一个叫"口头讲解"的练习方法**。

具体来说，就是不看笔记，仅靠记忆，把自己想记住的知识通过浅显易懂的语言讲给别人听。这个将自己固有的知识与书本知识结合起来进行讲解的过程有助于我们形成稳定的记忆。

比如，在读过《畅销书编码》这本书之后，我向别人进行口头讲解："你知道有一本叫《畅销书编码》的书吗？这本书收集了畅销书的信息，并将这些资料进行文本挖掘……"在这个过程中，我对这本书的记忆得到了强化。

考前复习也是同样的道理，"给别人讲解自己记住的知识"，是一种可以有效固化记忆、加深理解的技巧。

其原理正是前面提到的"精细化学习"。口头讲解可以使大脑中的短期记忆转变为长期记忆。

我们在口头讲解过程中会发出声音，自己的耳朵也能听到这些信息。有研究显示，由于人的听觉记忆比视觉记忆更发达，因此，这样做不仅有助于记忆，发出的声音还更易于自己形成长期记忆（《人类的记忆——认知心理学入门》⊖）。

讲解的对象可以是同事或家人，也可以是其他人。要是找不到讲解对象，你不妨将过程录下来，之后反复观看，还有助于提升自己的演讲水平。

那么，将读过的内容"写下来"有没有用呢？

我也读过一些相关研究的论文，并亲自通过实践进行了验证。结果证明，需要用文字记录时，转换为自己的口语（自己惯用的表达方式）后，再亲笔写下来的方法更为有效。

抄写或在数字设备上进行复制（即照搬原有信息）效果不佳。用自己"平时说话"的表达方式进行记录，更有助于精细化学习，可以促使新信息与自己已有的知识相结合，并固化下来。

▶ 技术类：学会技术

如果我们要学习一项技术，就需要不断进行实践。不进行实践，就无法真正地掌握它。

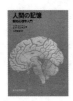

⊖《人类的记忆——认知心理学入门》：

杰弗里·R·劳弗图斯、伊丽莎白·F·劳弗图斯著，大村彰道译（日文），东京大学出版社出版。认知心理学领域的隐形名著。书中提到的研究也许有些陈旧，亦有不足之处，但其内容可以称为众多记忆类书籍的鼻祖。如果你想正式学习心理学，这是必读的一本书。由于该书已经绝版，如果看到它，一定要立即买下来。

"技术"这个词，原本的意思是指那些需要反复练习的东西，在真正学会一项技术之前，我们可能需要花费比预想更多的时间去练习它。

因此，学习一项技术时，要在练习的阶段（达到真正掌握所需时间）预留出比知识类学习更长的时间。

在刚刚成为补习学校讲师时，我曾为了减少自己讲解过程中"嗯""那个"之类的口头禅而进行过练习。

起初，我给自己设定了一周左右的时间，但是这个习惯很难改过来。最终我花了大约三周的时间才达到不再下意识地冒出那些口头禅的状态。

顺便说一句，我改掉"嗯""那个"的窍门是，在马上要说出口的时候有意识地用鼻子吸气。形成习惯以后，我就减少了使用"嗯""那个"这些词的频率。

此外，不管是知识类还是技术类，如果我们制订的实践计划过于复杂，不仅做起来会很麻烦，实施的难度也会增加，最后有可能根本无法完成计划。

所以，当我们**将计划拆分、细化时，它也许只会带来1% 左右的细小改变，但没关系，从这样一个个简单的实验开始，我们就能够源源不断地获得小小的失败经验以及成功的体验。**

总结

只有在亲身体验中获得的"经验"，才能成为最有效的学习素材

▶基于书本知识确立假设（法则/规律），然后通过实验验证其是否也适合其他场景。

▶"懂了"和"实践"之间，以及"实践"和"掌握"之间，都存在着相当大的鸿沟。

把要用于实践的信息变为特有的武器

▶"假设"＝"源自书本并经过再加工而形成的自己独有的信息"。

▶为了及时记录，将灵感和创意以统一的表格形式保存。

为什么理科生注重"演练"？

▶从失败中必定能学到一些东西。

▶尽早经历小的失败，可以提前修正前进方向，以最短时间获得成功。

为什么要重视"尝试"的"频率"？

▶阅读时间：尝试时间=1：5。

▶大脑是输出依赖型——将相当于"阅读"5倍的时间用于"尝试"，则更易于掌握知识。

寻求局部的改变——"改变不足1%"的原则

▶一项一项地进行想掌握的内容。

用1分钟制订实验计划

▶读完书之后，立即设定好"目标"和"时间"，坚持读后马上进行实践。

▶快速掌握知识的窍门——用口头讲解的方式"实践"。

▶快速学会技术的窍门——通过反复练习不断"重复"。

第4章

只是懂了，

还是真正掌握了？

制造机器人的100个小窍门

对读书所学的知识进行评价后，才能再去读其他同类书籍

 ## 为什么需要"评价"

本章我们来聊一聊读书超合理化循环模式——"阅读—实践—检验"中的"检验"环节。

也就是说，本章要对第 3 章**"实践"的结果以及解决问题的程度进行评价**。

那么，为什么必须要进行"评价"呢？

原来我也觉得似乎只要"根据读书时记下的要点成功进行了尝试""牢牢记住了这个知识"或是"掌握了这项技术"，就可以了。

这里所说的"评价"，不只是对实验结果进行考查，而是复盘之前所有的步骤，并"寻找可优化点"。不仅是结果，还要再次对超合理化循环模式中的所有环节进行评价。

通过进行这样的评价，用苛刻的眼光审视每次读书的成果，就可以淘汰那些无意义的阅读。

图4-1 超合理化循环的"检验"

　　我们通过评价验证实验的结果，找出可优化的点，就可以把它们用于下次实践。

　　在做完上述评价之前，我不建议大家再读其他同类书籍。因为问题尚未得到解决，就意味着它仍然存在。那么，就算从同类书籍中提取出再多的信息也无济于事。不过，这并不是说阅读同类书籍都是浪费时间。

　　我的意思是，对于完全相同的问题，虽然你已经从书本中提取过信息，却没有将其用于实践，在这种情况下，再去读其他同类书籍的话，这是一种浪费。

　　读过书之后，我们应该对相应的实践结果进行考查，并从中发现新的问题，进而为了探寻其解决方法，继续开启新的读书过程。因此，在这个过程中，评价就显得尤为必要。

　　"如果读过的书难度太大，就在同类型中再选一本更简单些的书去读"。这也不失为一种非常好的对实践结果的评价，也是我们切实进步的证据。

 ## 从确认"问题意识是否准确"开始

　　在进行评价时，我们需要从确认"最初持有的问题意识是否准确"这点开始。

　　举例来说，一个朋友曾想提升自己的英语水平，于是买了很多有关英语学习方法的书。那时，似乎他身边的同事都非常优秀，很多人的国际交流英语考试（TOEIC）成绩都在 90 分以上。由于周围人的 TOEIC 成绩都很高，他便开始买参考书重新学习英语。但由于他平时的工作也很忙碌，学习英语的计划很难坚持下去，最后他并没有达到自己期待的结果。

　　后来他跟我谈及此事，我便帮他对读书进行了全面的评价。虽然我当时也想到他读的书可能与自身的水平不相称，但首先得出另一个结论——他自己的问题意识在根本上出现了偏差。"读书是为了谁？其目的是什么？"——我提出这些问题后，他许久没能回答出来。

　　实际上，他在本职工作中很少用到英语，学习英语的紧迫性和必要性并不强，因此，对他来说，学习英语的优先级较低。

对于一项不能成为评价对象的学习，我们很难保持很高的积极性去对待，也就难以坚持下去。

意识到这个问题后，他便决定不再花时间学习英语了，转而将读书时间用到提高与本职工作相关的市场营销技巧等重要课题的学习中。后来，他在本职工作中收到了显著的效果，产品的销售额实现了爆发式的增长。

这种**返回原点，重新审视问题意识，思考所读的书籍是否合适，在"检验"阶段显得尤为重要**。

不过，我们也没必要因为问题意识不准确，就认为自己"白白浪费了读书的时间"，或认为"要是在开始阶段认真考虑一下就好了"，从而导致自己心情低落。

这时，反而应该这样想："能有机会去检验一下哪些才是应该被优先考虑的问题，真是太好啦！"

就像我们在第3章说过的，在探索未知的过程中，失败是不可避免的。我们只有反复经历失败，才能总结出正确的方法。

回过头来对读书进行全面的评价，**即便出现了**"选错书类""难度太大""和想象的内容不一样"等**错误，这也是达成自己的目标所必经的一些过程**。

如果你还是希望尽量节省时间的话，也可以试着从下面几个角度来进行调整。

- 如果意识到所读内容不能成为评价对象，则重新思考问题所在（改变书籍的类型）。
- 如果理解不了书中的内容，或感觉难度过高，则降低书籍的难度（改变书籍的难度水平）。
- 如果按照书中的方法多次尝试未果，或经过实践仍无法领会其内容，则改读其他作者的书（改变做法）。
- 如果找不到可优化点，或无法确定下一步的行动内容，则重新考量评价的方法。

掌握以上几点，你就能够提高评价的准确性，并切实提高读书效率。

"评价"验证实验时应重视的观点——将"行动"和"成果"结合起来进行评价

将行动与成果结合起来进行评价

当我们对读书后进行的实践内容进行"检验"时，有一点需要特别引起注意，那就是要"将行动与成果结合起来进行评价"。

- 读书使自己的"行动"展现出哪些改变？基于这些改变，你又做出了哪些"成果"？
- 你是否因"行动"而得到了期待的"成果"？最初的问题是否已经解决？

将行为与成果结合起来进行复盘，捕捉并评价其中的因果关系，这是非常有必要的。

在理科的研究中，我们会非常重视对因果关系的证明和论据，而在读书过程中，也应谨慎地注意这一点。因为

如果将原因和结果分开考量，就无法做出准确的评价。

- 如果在营销过程中改变了自己的行动方式，那么从结果上来看，销售额和利润发生了怎样的变化？
- 如果在管理员工时使用新方法，离职率是否降低了？
- 如果将书中介绍的 Excel 快捷键背下来，能在多大程度上减少工作时间？

像这样，当我们对比改变行动前后的客观数据时，更容易进行评价。

 ## 将实验组与对照组分开

如果可以，不仅要对比前后的数值变化，还要尝试运用前面介绍的"对照实验"的方法，即把评价对象分为进行验证实验的"实验组"和不做任何改变的"对照组"进行对比和评价。使用这种方法后，不仅可以看出不同评价对象之间的差异，还易于判断出它们之间是否有因果关系，提高评价的准确度。

比如，选两个不同的时间，分别在社交网站上发布一条信息，然后进行对比。其中一个"用书中介绍的方法写宣传语"（实验组），另一个则"像往常一样按自己的想法写宣传语"（对照组）。

从对比结果中，我们可以很直观地通过数值了解点赞数和点击量等出现了怎样的变化。如果你的问题是"博客访问量总是上不去"，那么这种方法能让你最大限度地接近问题的答案。

另外，**即使面对不方便用数值表示的问题，我们也要尽可能将其量化，这点非常重要。**

下面，我们来举例说明。一次，在举办讲座之前，我必须想一些创意（对照组）。

于是，在没有方法和任何素材的状态下，我思考出几个创意。

之后，我又去读了《思维导图®（The Mind Map）》⊖这本书，并尝试运用书中的思维导图®方法（实验组）来解决上述问题。

于是，我在相同的时间内想到了两倍以上的创意。

⊖ **《思维导图®》：**
Tony Buzan、Barry Buzan著，神田昌典译（日语），钻石社，2005年出版。商务必备思考工具——思维导图®的发明者所著。这种方法对不善于创意的左脑思维型的人来说具有划时代的意义。甚至已经有了教授思维导图®方法的学校。目前该书的新版已上市。

当然，在某些情况下，我们很难做到这种实验组与对照组的对比。

比如，如果在学校给一部分学生传授有效的学习方法，而对另一部分学生什么也不做，就会出现伦理方面的问题，很不现实。

因此，用实验组和对照组进行检验的方法仅适用于具备相似的比较类型的情况下，比如 A 顾客和 B 顾客，或去年的业绩与今年的业绩等。

像这样，**如果能掌握实验前的状态标准，就能提前了解实验将带来的正面或负面效果**。如果效果是负面的，我们就可以放弃这种方法，转而去寻找更好的方法。

如果你对自己将要进行的实验仍有疑虑，不妨尝试一下用实验组和对照组进行对照实验的方法。

使用六种评价方法进行检验

评价包括自我评价和他人评价

"检验"方法中包括自我评价和他人评价。

虽然通过他人评价能得到更加客观的评价，可是能得到他人评价的机会并不多。因此，在理科思维读书法中，我们更多地会用到自我评价。

但是，由于自我评价无法摆脱主观意识，因此总存在不客观的问题。

另外，所有职场活动说到底都是为他人解决问题，因此职场活动的最终目标就应该是提升技能，为他人提供支持，并使其满意。

六种评价方法

	自我评价	他人评价（反馈）
行为	思考（反省） 检查（观察）	问卷调查 直接询问
成果	学习档案	效果评估

正因如此，从他人的角度出发去思考问题就显得尤为重要。

在学习技术时，对于自己的进步，我们不仅要看"自己的感觉"，还要看"别人怎样评价自己"。

因此，**理科思维读书法的检验环节的关键，就在于要以自我评价为基础，还要兼顾他人评价**。

下面让我们来看一看自我评价和他人评价的具体方法。

【自我评价】

▶ **思考（反省）**

这是暂时从自己正在做的事情中抽离出来，审视自己的想法和言行，并站在客观的角度上进行复盘的评价方法。将复盘中注意到的要点记录下来。以"教授方法"为例，我在复盘时给自己做出了这样的评价："在给初学者讲解一个抽象的概念时，我不只是介绍概念本身，一定还会用对方熟悉的事物进行举例说明。"

▶ **检查（观察）**

记录自己的言行，并加以观察。因为留有记录，所以在进行思考（反省）的时候，我们可以发现忘掉的或容易错过的细节。

以"讲话方式"为例，可以通过回看录像来查看自己讲话时的状态。如果是写文章或做学术研究，那么在写完一段时间后再去读一遍，也是一种检查的方式。

要将检查过程中察觉到的地方记录下来。在看自己演讲时的录像时，我发现自己在紧张的时候语速会变得非常快。于是，我做了如下记录——"感到紧张的时候，要通过向对方提问或是有意识的停顿来放慢语速。"

▶ 学习档案

将平日学习中取得点滴成果的汇总（活动记录），并通过一系列的方法进行回顾评价的体系称为"学习档案评价"。

以"讲话方式"为例，可以一边看反省和检查时记下来的要点，一边进行评价，比如"我的说话方式是否让顾客满意""是否提高了销售额"等。如果是评价"写作方法"的话，就通过博客的每日访问量来判断"讲座是否吸引了足够的听众""主打产品是否热卖"。

这样，通过回顾自己积累的成果，我们可以对无法仅从结果进行评价的过程做出正确的判断。

【他人评价】

▶ 问卷调查

这是一种通过问卷得到对方回答的方法。它需要在提问方式上仔细斟酌，就是说提出什么样的问题才能够得到准确的评价。但我们不需要把它想得太难，比如问他人：
"满分五分的话，今天讲座的满意度能拿多少分？"设置
这样的问题就足够了。

▶ **直接询问**

自己做主持人（提问者），对一个或多个对象进行询
问。这种方式也需要提前想好如何提问。

不过，提问的形式不必太过正式，只需向对方展示
自己的行动和成果，并向其询问："你觉得我的说话方式
怎么样？"这可能需要一点勇气，但我们可以得到客观的
意见。

▶ **效果评估**

我在第一章中曾提到，时刻思考"读书后想要得到
怎样的评价"这个问题十分重要。我们需要对读书前设定
的解决问题后要达到的理想状态进行客观的评估，比如，
"增加了订单""提高了销售额""离职率降低了"等。

具体的评估方法应根据不同情况具体对待。比如，读
过有关找工作的书后，可以评估自己是否找到了自己梦想
的工作。

**通过将他人评价与自我评价相结合的方式，我们可以
纠正自我评价的偏差，提高评价的准确度**。它能避免出现
"自己觉得进展顺利，实际上却并非如此"的尴尬境地。

提升自我评价准确度的唯一方法

 善于自我评价的人能做到自我调节式学习

有效提高自我评价准确度的方法就是锻炼自己的"元认知"能力。

所谓元认知，就是一个人从更高的视角客观地把握自己的想法，检查并监控自己的学习是否进展顺利的一种能力。

元认知能力强的人能够对自己做出正确的评价，因此能意识到自身的错误和不足之处。

想提高自己的元认知能力，关键在于要分两个方面进行评价。

一方面是要客观地对自己的成果进行观察。这就是我们之前说过的"检查"，比如观看记录自己行动的录像，或是重读自己写的文章等。

另一方面是对发现问题后采取的行动进行调节，我称之为"控制"，也就是寻找可优化的点，哪里出了问题，想办法来改进就好。

这两个方面的评价不应同时进行，而是**要分别进行，就像在说"现在是检查""而现在是控制"的感觉。**

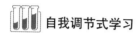 自我调节式学习

分别进行检查和控制，可以提升自己的元认知能力，同时能提高自我评价的准确度。这样做，还可以自己掌控学习，并对其进行优化。这种方法的专业名是"自我调节式学习"。

据说一流的运动员都很善于自我调节式学习。他们能够自主地发现自己的错误或不足之处，并进行调整，进而不断挑战更高水平。

如果得不到他人的评价，就去与行家进行比较

在初入社会之后，我颇为苦恼的一件事是很少能有机会得到他人的反馈。

补习学校的讲师基本上都是一个人站在讲台上讲课。所以，只要我不问，就不可能从其他讲师那里听到像是"这点做得很好""那个教授方法不错"之类的反馈。

虽说我也会有机会请一些优秀老师来观摩，或通过调查问卷听取学生意见，但频率非常少。所以，我对自己平时工作的评价，基本以自我评价为主。

因此，为了提高自我评价的能力，我的方法就是上面提到的检查。我把自己上课的样子录下来，然后通过回看进行客观的观察。通过客观地审视自己，我对自己讲课时的一些不恰当之处一目了然，再将其与行家的视频进行比较，便可以得到更加准确的自我评价。

这个方法也适用于其他场景。

比如，若想提升统计学中的数据处理水平，可以运用从书本中学到的技巧，先将某些数据制作成图表，再拿它与专家使用相同数据进行分析的图表进行比较。比如，我会先对高考试卷的题目（数据）进行分析总结，然后将我的分析与专门做高考试卷分析的倍乐生公司（Benesse Corporation）或旺文社发表的试卷分析结果进行比较。

可能有些朋友还是会疑惑："即使看了自己讲话的视频，也不知道哪些地方可以做怎样的改进。"

如果是这样的话，你更适合使用与水平高于自己的人进行比较的方法。

就拿我在补习学校当讲师的时候为例，那时我不擅长做简洁的讲解，讲课时语言总是显得过于冗长。

于是，我找来一些说话简洁紧凑的老教师的课堂录像来看。

在将自己的录像与有经验教师的录像进行比较后，我发现了自己需要改进的地方，比如"自己讲话时什么地方容易拖拉""应该精简到什么程度"等。

像这样，如果你将自己与榜样进行比较，就能够得到更准确的自我评价。

如果你想有所进步，与同领域内的行家进行比较的方法是非常有效的。**即使无法做到与他们一样的水平，通过比较，你也可以找到改善自己的地方。**

对于自己无法做到跟别人一样优秀的问题，每个人都不用感到悲观。只要我们能积极地与优秀人士进行比较，一定能够不断进步。

怎样选择合适的反馈对象

向怀着"爱护"之心并能够给予"批评"的人寻求反馈

当我们通过问卷调差或直接询问的方式<u>获取"他人评价"时，很重要的一点是让谁评价</u>。

选择评价者是一件相当困难的事，我自己也曾为此苦恼过很久。

因为别人对自己的评价不一定都是准确的，而且看法也会因人而异。即使我们通过问卷调查的方式收集到很多人的意见，如果选错了对象，也经常会被完全不同的意见搞得晕头转向。

而一本书帮我解决了这个难题，就是《洞察力——帮助你正确认识现在的自己，使事业和人生发生戏剧性改变的自我觉察能力》[⊖]。

　　根据书中介绍，**只有一种对象可以成为评价（反馈）者**，那就是**对你"有爱"且"能批评"的人**。而除此之外的评价都不具有参考价值。

　　有一类人虽然对你"有爱"，却不会提出批评或意见。这可能是由于他们对你有盲目的信任，又或是心怀畏惧。

　　比如，在具有绝对实力的公司老板和他的下属，或权威讲师和他的学生这种关系中，即使老板或讲师向其下属或学生询问意见，也只会听到称赞和恭维的声音，完全得不到正确的评价，因此这种意见是靠不住的。

　　而另一些人虽然对你"没有爱"，但却能够提出批评或意见。不过，他们只会提出一些尖刻的评价。有时，他们还会出于嫉妒而给出毫无道理的评价，亦或是单纯地诽谤、谩骂。

　　比如，网络的匿名评论或留言就是这种情况。因此，这种意见也不具有参考价值。

⊖ 《洞察力——帮助你正确认识现在的自己，使事业和人生发生戏剧性改变的自我觉察能力》：塔莎·欧里希著，中竹龙二监译，樋口武志译，英治出版社。元认知能力作为21世纪新技能之一而备受关注。本书介绍了很多提升元认知能力的方法，其中包含了很多加强自我觉察的技巧等新颖的内容，堪称不可多得的珍藏版实用手册。

最后一类是对你既"没有爱"，也不会提出批评或意见的人，这些人自然也就不在讨论之列了。

 应该向谁寻求评价

		爱	
		有	无
批评	会	◎ （双方互信程度较高）	✕ （嫉妒、无理）
	不会	✕ （盲目相信、心怀畏惧）	✕ （不在讨论之列）

作者根据《洞察力》的内容编写

看到这儿，也许有些人会问："是不是只有来自比自己能力强的人的意见，才能称得上是准确的评价呢？"

从结果来看，并不是这样的。

就拿我妻子来说吧，虽然她并不像我一样经常讲课或演讲，但她在这方面确实比我技高一筹。

只因为她在广告公司上班，整天处在企划能力很强的人云集的环境中，耳濡目染久了，便能看出别人企划案的优点和不足了。

实际上，在看了我的讲座之后，她经常能够提出很多直击要害的意见。正因为有这种中肯的点评，我才能够不断提高自己的演讲水平。

我妻子就是满足上述条件的反馈者。对我来说，她的意见称得上是最具参考价值的外部评价。

因此，**在寻求他人评价时，要选择那些对自己怀有爱，并且能够坦诚提出批评的人**。

只要你们是相互信任的，即使对方不是你的家人、朋友也无妨。比如，你认为他非常值得尊敬，或"如果是他的意见，即使是批评我也能接受"。这样的人就是理想的人选。

如果你找到了这个人，就鼓起勇气试着去问他："你觉得我写邮件的方式如何？有没有让人觉得咄咄逼人？"或问他："看过我的日程规划方式后，您可以给我一些坦率的意见吗？"等。

"保养式读书法"——将书中精髓彻底活用的阅读方法

 按类别摘读与按作者摘读

你会怎样处理读过的书？

我会先将读过的书放入书架，过一段时间之后，再进行摘读。

对于一般书来说，读一遍足矣，如无特殊情况，我不会在短时间内反复阅读。但隔一段时间以后，我会定期进行重复阅读。这也就是所谓的"保养式读书法"。

定期重复阅读某本书，不仅可以再次深化书中的内容，有时还能有新的收获。

我主要采用下面这两种摘读方法。

① 按类别摘读

我会将一部分读过的书收起来，留待中远期使用。

对于这类书籍，我每个月会按照某种类别汇总一次，并重新阅读其中曾贴过便笺的部分，以及目录中自己感兴趣的部分。

我最近摘读的是与人工智能相关的最新科技及市场营销类的书籍。

通过摘读，我能够更加清楚地认识到自己之前存在怎样的问题，以及这些问题是否已经得到解决。

同时，通过摘读，我们还可以在同为科技类的书籍之间发现其横向联系，比如，你会注意到"这里讲的内容似乎与另一本书中提到的有关系"。通过这样的连点成线，我们便可加深对该类知识的理解。

在多数情况下，我会将 5~10 本书归为一类，用 30~60 分钟进行分类摘读。

② 按作者摘读

有时，我也会摘读同一位作者的书籍，这项工作一般半年左右进行一次。

如果将"作者"视作一个完整的内容，那么他的每一本书就只是其中的一个"部分"。如果你摘读同一位作者的书，便能一览作者思想的"全貌"。按作者摘读其书中内容的效果，很像是将作者的整体思维输入自己脑中的感觉。

比如，我最近分别摘读了艺术家冈本太郎、《考具》的作者加藤昌治、心理专家 DaiGo、立教大学教授中原淳等作者的书籍。

在按作者摘读时，除了目录，我还会去读一些没有贴便笺的部分。因此，这会比按类别摘读花费更多的时间和精力，摘读5本书可能会超过2小时。

可能出现的新收获

在按类别摘读或按作者摘读时，我们也可能会想到一些新的课题或需要验证的事物。这时，就要在第3章介绍过的表格里追加记录，并进行实践。

这时，出现新的想法也是很自然的。因为与过去的自己相比，现在的自己增添了更多的新知，问题意识也会发生变化。

因此，在摘读时，不要忘记再看一遍目录。**通过确认目录，你会发现自己不同于过去的问题意识。**

摘读时，你也有可能会被一些过去曾不以为然的内容所触动。

特别是**经典的书籍，每次阅读，读者都能有新发现和新视角**。对我来说，冈本太郎的书就是这类好书。

于我而言，书架就像一个冰箱，里面装满各种食材（书），有时解冻一些食材进行烹饪后，便可得到一盘意想不到的美味。

在读过书之后，我建议你马上将那些不会再用到的书处理掉，而把那些以后也许还想再读的书保存好。

若能长时间地将书籍保存好，我们就可以在漫长的人生中多次回味其中的精彩之处。

避免"囤书"的简单方法

完成"检验"步骤之后再买新书

或许很多朋友都有"囤书"的烦恼吧，就是"书买了却不读，堆在那里越积越多"。

如果按照我们前面介绍的"理科思维读书法"，只有在需要的时候才买书的话，就不会出现囤书的现象。不过，即便如此，有人依然囤了书，该怎么办呢？

首先，**没有必要因为出现了囤书就陷入否定自己的情绪中**。问题的优先顺序时常会发生变化，选购书籍本身也是一件让人激动和愉悦的事情。因此，如果我们不加节制，就会不停地去买各种各样的书。在这个过程中，读书的速度赶不上买书的速度，结果就成了囤书……

不过，依我看，这完全不是问题。**关键在于"读书不止"**，只要我们能不断从书中获取知识和技能，囤书并不可怕。

"特意买回来的书，不读就太浪费了。"—— 如果你有这种压力的话，我想给你一个建议：

规定自己在完成超合理化循环模式（阅读—实践—检验）中的"检验"步骤前，不能买新书。

而把新书当作自己完成一个循环之后的奖励。

当我们设置这样的规定之后，就能够给自己一个不仅要读，还要认真做好"检验"的动力。同时，这样做还有助于我们彻底消化一本书的内容。

同时，我们**在买新书的当天就要完成"阅读"四步骤中的步骤2（提取书中精华）中的"筛选"**。因为，刚刚拿到新书之时，正是自己的问题意识最强烈的时候。

筛选的过程大约只需要5分钟，只需要简单地浏览目录，然后用笔在符合自己问题需求的地方做标记，或贴上荧光色的便笺即可。

一旦我们用笔在书中做过标记，就无法退货，也很难再卖给二手书店了。这就等于我们告诉自己："现在只能读下去了。必须读完，才能不白花钱买书。"

此外，贴便笺的方法也可以有效防止囤书的出现。

那些从书页中露出来的亮粉或明黄色的便笺十分醒目，让人很难置之不理。我会特意把这些书放在门边或床边这些显眼的地方，它们好像时刻在对我说："这里很精彩哦，快来读吧！"

因此，出门时，我总会不自觉地把书放进包里，平时外出时，常常带着两本书。

书包里总装着几本书的话，背起来感觉沉甸甸的，自己也会产生读书的动力，因为带着如此沉重的负担，不读可就太辛苦了！

另外，虽然我平时也会读电子书，但在运用理科思维读书法时，更多的还是读纸质书。因为，在看书的过程中，不管是做笔记，还是在同一本书的不同位置或在几本书之间进行对比、参考时，纸质书使用起来都会更加方便。

顺便提一下，在读一些紧迫性不强，但从长远角度看对自己很重要的书籍时，我建议无需运用理科思维读书法。

比如，我一直非常喜欢岩波文库那种哲学和古典类文化丛书，会把它们置于枕边，经常轻松地阅读，毫不在意时间。于我而言，读这类书与解决问题无关，如同正餐之后的甜点一般。

对于"正餐"类书籍，我会依据理科思维读书法按部就班地认真阅读；而对于"甜点"类书籍，我会随时随意地放松阅读。

发现新问题，提出新假设
——为下次阅读做准备

 书本总能带来新发现

如果你已经通过理科读书法的超合理化循环模式（阅读—实践—检验）解决了自身的问题，那么现在是时候翻开下一本书了。

一个人只要活着，就会有解决不完的问题，解决一个，又会出现下一个。

我曾因看不到自己的优点而感到苦恼，于是读了《现在，发现你的优势（升级版）——优势识别器 2.0》[⊖]这本书，继而发现了自己的强项。

 ⊖《现在，发现你的优势（升级版）——优势识别器2.0》：

汤姆·拉斯著，古屋博子译，日本经济新闻出版社出版。一款能让人了解自己独有优势的网络测试，具有很高的价值。该书将优势分为 34 个天赋，不仅对每种天赋进行了详细介绍，还讲解了应该如何发挥它们，非常值得阅读，对于提升自我认知亦大有裨益。

随后，我又发现了新的问题。那就是，我该如何在工作中发挥自己的优势。

于是，我读了《商业模式新生代（个人篇）》⊖，通过个人画布重塑了自己的商业模式。

在读书的过程中，我们总是会像这样不断冒出新的问题，而这也成为与新书邂逅的契机。正如工作就是不断地发现问题与解决问题的过程，读书也不是一蹴而就的，它需要一直进行下去。这也就是我们说的"超合理化循环模式"。

即便是在某种程度上已经超越了人脑的 AI，也不擅长发现问题。

所以，在出现新的问题时，我们不必抱怨"怎么总是不停地出问题……"，也不必因此而感到沮丧。因为，发现问题是人类所特有的一种优于 AI 的能力。而且，这个连 AI 都不具备的发现问题的能力可以让读书变得更有意思。

⊖《商业模式新生代（个人篇）》：蒂姆·克拉克、亚历山大·奥斯特瓦德、伊夫·皮尼厄著，神田昌典译，翔泳社出版。本书通过"个人画布"模板剖析自身商业模式，推荐给有自我规划需求的自由职业者或私营业主乃至公司职员阅读。

与完全找不到问题相比，能够不断发现新问题的人生想必会更激情四射。

原因就在于，通过解决问题，我们可以给身边的人或有其他关系的某人带来幸福。如此看来，能不断发现新问题的人生岂不是更让人心潮澎湃吗？

而能够获得这样人生的方法之一就是理科读书法。

| 总结 |

"评价"在读书中的必要性

▶ 正确的"评价"可以避免无效阅读。

▶ 不是仅针对验证实验的结果进行评价，而是要对超合理化循环模式中的整个过程进行评价，并重新审视。

"评价"验证实验时应重视的两个观点

▶ 观点1——把行为与结果相结合进行评价。

▶ 观点2——对行为前后进行对比、评价。

▶ 如可能，分实验组和对照组进行比较并评价。

使用六种评价方法进行检验

▶ 自我评价——思考（反省）、检查（观察）、学习档案。

▶ 他人评价——问卷调查、直接询问、效果评估。

提升自我评价准确度的唯一方法

▶ 想提高自我评价准确度，需要锻炼"元认知"能力。

▶ 锻炼"元认知"能力的要点——分两方面进行评价。

　①对自己的成果进行客观的观察；

　②对发现问题后采取的行动进行调节。

▶ 通过与行家进行比较，获得更准确的自我评价。

如何选择合适的反馈对象

▶ 最佳人选——对自己"有爱"并能够给予"批评"的人。

保养式读书法——将书中精髓彻底活用的阅读方法

▶ ①按类别摘读——对留待中远期使用的同类别书籍进行摘读的方法。

▶ ②按作者摘读——对希望全面理解某位作者的多本书籍进行摘读的方法。

避免"囤书"的简单方法

▶ 无需因"囤书"而自我否定。

▶ 在完成超合理化循环模式的"检验"步骤之前，不要买新书。

▶ 买来新书的当天，应该完成超合理化循环模式中阅读四步骤中的步骤2中的"筛选"。

结　语

我经常望着书架陷入沉思："如果没有书，现在的我会是什么样子呢……"

而每一次都会得到一个相同的答案："一定不会是现在的样子。"如今的我，正是由曾经看过的那些书所造就的，就像是那些凝结在书本中的"先人智慧"构成了现在的"我"。

书给我的帮助数不胜数，不仅体现在工作上，也体现在家庭和情感方面。每当我出现问题或苦恼时，总是书籍出手相助。

我必须要对书说声"感谢"。

同时，我还要对书本之外的朋友表达感激之情。

在本书发行过程中，承蒙很多人的关照。其中，最要感谢的就是钻石出版社的武井一郎先生。多亏他时常给我提出许多让人崩溃的犀利问题，让我不断对内容进行打磨，本书才能最终得以呈现给读者朋友们。如果没有武井先生的帮助，我绝对完成不了这本书。他还帮助我磨练了意志，我真心地感谢他。为了帮助我把内容中一些原本不标准的知识性表述转换为书面表达方式，平行男先生也花费了很多的精力。对此，我表示万分感谢。

此外，在编写本书的过程中，我曾拜读过几位大师的多部著作。承蒙畅销书作家藤井孝一先生，《不良库存是宝藏》的作者竹内唯通先生，以及《怎样说才能懂——与下属谈话的正确方式》（钻石社）的作者吉田幸弘先生的引荐，我有幸结识了武井先生。由衷感谢三位前辈为那次会面提供了绝佳的场所，并把我介绍给武井先生。

还要感谢创意书方面的畅销和经典之作——《思考的利器》的作者加藤昌治先生，他为本书的企划创意提供了灵感。希望能有机会再次与加腾先生一同把酒言欢。

此外，《进公司头三年都要回答"是"》的作者、就职于日本经营合理化协会的园部贵弘先生对本书中的方法给予了评价。园部先生字字如珠玑般的建议带给我极大的自信，我对此不胜感激。同时，我也感谢作为本书第一批读者的好友大桥启人和山本健太郎为我提出准确建议，使我能够回归初衷。

我要感谢我的妻子绫香。虽然她平时忙于工作和写作，但仍花费了大量的时间来支持我。我始终心怀感激。

我还要感谢远在福冈县却时刻挂念着我的父母。你们曾那么讨厌读书的儿子如今写了一本关于读书方法的书。而且我现在基本每天读一本书，不知这能否让你们感到放心呢？

还有住在埼玉县每每对我热情相迎的岳父岳母大人，衷心感谢你们对我的真诚以待和无微不至的照顾。期待与你们再次相聚。

在本书的创作过程中，年仅 27 岁的首藤大贵英年早逝。我非常怀念当时我们一起对比、阅读大量专业书籍和学习参考书，并花了好几个小时进行讨论的情景。我多想再与你一起探讨更多的读书话题。希望你在另一个世界也能看到这本书。

最后，感谢选择了这本书的你。

谢谢你耐心读到这里，并感谢你愿意听取我的拙见。

我认为，书就像一根"知识的接力棒"。正因为有下一个接力的人，接力棒才有它存在的意义。

不过，"知识的接力棒"会在改变样貌后再传到下一个人手中。

这与DNA不断将人的遗传信息传给下一代有着异曲同工之妙。

就像不存在DNA完全相同的两个人一样，"知识的接力棒"也各不相同。

接过"接力棒"的人，会在加入一些自己的理解后，再将它传递给下一个人。

人们会将这样的"知识"接力赛一直进行下去吧，至少我希望如此。

正因如此，读书是没有终点的，我希望读书可以成为一件更加自由的事情。

最后，我有一个请求。我已经通过这本书把"接力棒"交给了你。之后，就看你的了。

　　这个"接力棒"现在已经属于你，请你将它改造成你喜欢的样子，再涂上你喜爱的颜色。

　　然后，如果可能的话，请将它再传递给下一个人。一定会有人需要你的"知识"。

　　当然，你也可以不通过书的形式进行传递。在如今这个社交网络相当发达的时代，传递"知识"的方法不胜枚举。

　　下一次，希望我可以接过你的"接力棒"。

　　我由衷地期待能通过这样的传递过程再次与你相遇。

　　希望这个知识的"接力赛"能够持续到自己生命的最后一刻。我怀着这样的期许，落笔为终。

犬塚壮志